天下文化

BELIEVE IN READING

THE PRACTICE OF GROUNDEDNESS

A Transformative Path to Success That Feeds
—— Not Crushes —— Your Soul

踏實感的練習

布萊德·史托伯格 著　龐元媛 譯
BRAD STULBERG

走出過度努力的耗損，打造持久的成功

本書之所以能順利出版，
是因為站在巨人的肩膀上。

感謝許多科學家、作家、哲學家、
詩人、聖人、僧侶以及其他開路先鋒，
你們的智慧結晶成就了這本書。

希望這本書能在已然興盛、
歷久不衰的思想與寫作傳承中，
做出微薄的貢獻。

在寫書的過程中，我不斷想著一件事，
那就是希望這本書
能讓我的兒子席奧（Theo）引以為傲。
這本書是為他而寫，
也是為每一位讀者而寫。

目次

PART 2 踏實生活的練習 241

PART 1

踏實成功的原則

第一章

在踏實的步伐中
突飛猛進

二〇一九年的夏季，我從聘請我擔任企業教練的客戶身上，逐漸看到一種不容樂觀的趨勢。他們當中有成功企業家、高階主管、醫界領袖，以及頂尖運動員。從前我與他們談論的內容，多半是要養成哪些習慣才能有所成就，但過去幾年來，我開始聽見一些不一樣的聲音。

提姆是一間大型醫院家庭醫學部的主治醫師，他告訴我：「我真的很想好好休息一陣子，可是即使我打算休息一個週末，幾個小時後我又會忍不住打開工作用的電子郵件信箱。理智告訴我，我用不著這樣做，我也不想這樣做，但我還是覺得非得打開來看看不可。坦白說，我要是不收信，反而會焦躁不安。」

有些客戶則是如果沒有先排定所謂的「下一步」，心中就會惶惶不安；就算已經確定接下來該怎麼做，心裡還是擔心可能無法達成目標。他們潛藏著一種根深蒂固的觀念，總覺得非得做些什麼，才能避免離成功愈來愈遠、避免讓自己虛度人生。正如一家新興科技公司創辦人珊曼莎對我說的：「我曾經以為，等到有一天成功取得資金、順利開設這間公司，我就會感到滿足。然而，結果卻不是這樣。我現在有點擔心，如果這樣還不夠，到底要怎樣我才能滿足。」

還有其他客戶告訴我，他們感覺自己的情況非常糟糕，即使身體無恙，心靈也已是千瘡百孔。他們花太多時間回顧以往、預先計畫、質疑自己的決策，或是深陷各種「萬一」的焦慮之中。一家大型軟體公司的執行長班恩對我說：「我一直很容易想太多，難以集中注意力，但現在這個問題變得愈來愈嚴重，專注在當下竟變得如此困難。我得很努力才能勉強控制這個問題，我真的很不喜歡這種狀態。」

提姆、珊曼莎和班恩的狀況並非個案。我的許多客戶從年輕時就過著積極進取的日子，他們的意志堅定、目標明確，而且用心經營自己的工作與生活。他們對於逆境並不陌生，無論是為傷病所苦的運動員，因少數族群身分而飽受偏見與歧視的高階主管，咬緊牙關撐過一個又一個艱難時刻的創業者，一天到晚面對生死關頭的醫師……每個人的每一天，都面臨著巨大的壓力。他們每一位都令我深感欽佩，但儘管他們成功克服種種難關，內心卻依舊在奮力掙扎。

遭遇到這些困難的並不只是我的客戶，在進行本書的研究與寫作過程中，相關主題一再浮現我眼前，尤其是在績效表現、幸福感與總體生活滿意度上。我的研究對象包括許多頂尖運動員、知識分子和創意人士，他們也都有著類似的困擾。就常人眼光來看，他們全都是頂尖成功人士；但他們內心深處卻常常感覺不太對勁，覺得自己似乎缺少些什麼。

有趣的是，其中許多人告訴我，當他們一旦脫離緊張忙碌的狀態，反而會感覺心情非常低落。這樣的情緒並非來自憂鬱症，而是心靈被一種揮之不去的不滿足感受所占據。正如一位世界級的運動員對我說的那樣：「我要是不全心盤算未來如何爭取更好的成績，就算已經贏得這場比賽，照樣會陷入賽後憂鬱的情緒之中。要是我能擁有更多、更深層的平靜，那該有多好！」

毫無疑問的，他們也曾經感受成功所帶來的幸福與快樂，但真的就只有片刻，然後轉瞬即逝，遠比他們想像的還要短暫。他們一直被生命中突如其來的事件推著走，疲於應付層出不窮的工作而喪失自主性與掌控感。他們告訴自己（也告訴我），他們真的很想停止這一切，脫離那些新聞、瑣事、電子郵件、社群媒體通知，也不想一直盤算接下來要做的事。他們也知道一路往前衝不是辦法，然而一旦停下腳步就會感到焦躁不安，在空虛與焦慮之間搖擺不定。

人們為什麼很難停下腳步？許多男性覺得，自己應該表現得刀槍不入、所向無敵；許多女性則認為，自己必須永遠面面俱到，不斷挑戰看似不可能達成的期望。我將這種心態稱為「**個人英雄主義**」（heroic individualism），也就是狹隘的將可量化的成就視為衡量成功的唯一標準，永無止境的追求超越自己與他人。或許你能將自己的個人英雄主義隱藏得很好、讓別人絲毫無法察覺，但這種心態會讓你始終覺得自己還沒抵達那條終點線，於是永遠無法獲得恆久的滿足。

個人英雄主義所引發的種種問題，不只瀰漫在我的研究、寫作及企業教練工作之中，也是我與同輩、晚輩、長輩交流時常會談起的話題。無論談話者的年齡、種族、性別、國籍和職業，「覺得自己不夠好」似乎已經成為所有人生命中的一大課題。

這並不是新現象。從有記載的歷史開始，即使生活環境不斷改變，人類始終渴望覺得自己是堅實而完整的。但這種渴望現在變得更為強烈。個人英雄主義由現代文化推波助瀾，一發不可收拾。這種現代文化不斷催促你超越自己，讓自我感覺更良好、思考更正面、擁有得更多，然而讓人生「最佳化」（optimize）不過是個膚淺的解決方案，若是照做，最好的結局也只會讓你覺得依然不滿足。

如果你覺得上述情境似曾相識，別緊張，因為很多人跟你一樣。也許你的處境與我先前提到的例子相比，在細節上有些許差異：你可能甚至不喜歡你的工作，曾經或正遭遇重大的難關；也許你剛從大學畢業，或是已經累積二十年的工作經驗；也許你即將退休，甚至已經退休。但不論如何，你我身上都多少出現個人英雄主義的常見症狀，例如：焦躁不安、缺乏耐心、輕微焦慮、疲憊倦怠、因為感到空虛而需要不斷追求新目標、覺得自己總是表現得不夠好。接下來，我們將看見愈來愈多資料足以證明，這些症狀已經成為多數現代人的心情寫照。

在崩潰之後

我的第一本著作《一流的人如何保持顛峰》（*Peak Performance*），在探討做任何事情必須依循哪些原則，才能持續有所進展。在第二本著作《一流的人如何駕馭自我》（*The Passion Paradox*）中則主張，有些人天生有能力不計一切代價努力奮進，也闡述如何培養熱情與動力，發揮在有生產力的事情上。

當時的我認為：獲得成功與幸福的祕訣，就是依照《一流的人如何駕馭自我》培養能做成事情的動力，再運用《一流的人如何保持顛峰》裡介紹的原則，就能攀上人生的顛峰。許多找我諮詢的客戶，連同我自己在內，都確實在生活中親身實踐這些原則，而且通常都能獲取豐碩的成果。我們不停奮進、不停向前衝刺著，永遠不會滿足，永遠覺得自己做得不夠，不停鞭策自己，奔向下一個目標。

然而，正當《一流的人如何保持顛峰》登上暢銷書排行榜，《一流的人如何駕馭自我》初稿也已經完成之際，強迫症（ＯＣＤ）卻冷不防向我襲來。這是一種普遍受到誤解的心理疾病，強迫症患者並不只是苛求一切都要整齊有條理、一再重複確認細節。強迫症的典型臨床特徵，是生活被揮之不去的特定思緒與感覺所支配。

你分分秒秒都在試圖解讀它們的意義，思考如何讓它們停止，然而，它們卻一次比一次更強大、更猛烈。當焦慮像電流從頭到腳貫穿全身，你拚了命想擺脫，它們卻潛伏在暗處，隨時伺機入侵你的生活。當你吃飯時、工作時、陪伴家人時，它們如影隨形跟隨著你；就連你睡覺時，它們也會蔓延在你的心靈、恣意折磨你的夢境。這些不請自來的思緒與感覺是如此頑強，甚至讓你開始懷疑自己會不會相信它們。

以我來說，入侵我身體與心理的那些思緒與感覺（強迫性思考），主要包括絕望、空虛、自我傷害、失去人生的意義感。無法控制強迫症病情的我，內心感到萬分沮喪，但我知道我並不想傷害自己，問題是，我的大腦不肯放過我。我在混亂與恐懼之中不斷下墜，彷彿置身看不見盡頭的深淵。我就這麼一天捱過一天，大半年後才終於發現，透過治療以及自我練習，確實能為我的工作與生活帶來曙光。

我看見自己有一些根深蒂固的人格特質，總想解決所有的問題，總是躁動著要往前衝、往前看，總是覺得不滿足。這些人格特質並不見得是我罹患強迫症的原因，但在確診強迫症之後，我停下腳步思考我的人格特質，我發現我的強迫症似乎確實與我的人格特質有關。我不斷鞭策自己拚命往前衝，只是讓自己落入一次比一次下陷得更厲害的低谷。強迫症彷彿是我平常生活方式的極端版本，只不過這次它將引領我走向黑暗深淵。

盲目追求效能最佳化的危險

我在《戶外活動》（*Outside*）雜誌發表一篇文章[1]，談我的強迫症經歷，後來收到數百封讀者的來信。這些讀者同樣受到強迫症、焦慮症、情感疾患，或是一種廣義的不安所苦。很多讀者對我說，他們也一樣不斷的鞭策自己，始終感覺不滿足，而且在他們的身心出問題之前，這種永不停歇的動力是受到他人肯定的。他們過往的成就，甚至就是來自這種向前奮進的動力。但現在的他們就跟我一樣，開始思考自己是不是因為始終感覺不滿足，又過度重視成長與進步，一直追求更多、更多、更多，一直向前奮進、奮進、奮進，導致心靈呈現失控的超速狀態，無法讓自己放慢腳步，距離踏實人生愈來愈遠。

看完讀者的來信，我發現我們已經將「拚命追求效能最佳化、永遠覺得自己不夠好」視為理所當然，這絕對不是一種健康的狀態。古代東方傳統文化有「餓鬼」的概念，餓鬼有一個永遠填不滿的胃，只能吃個不停，把身體吃撐、吃壞，永遠不知飽足。這是一種嚴重的疾患，也是不少現代人共同的煩惱。

奠定社會學基礎的社會學家艾彌爾・涂爾幹（Émile Durkheim）說：「過度的抱負總是

遠遠超出實際成果，哪怕實際成果再怎麼豐碩，仍要苦苦追逐過高的目標，永遠不能停下腳步。當人們無論得到什麼都無法滿足，心靈永遠處於混亂的狀態……如此一來，心理健康怎能不衰退？」[2]以下是現代社會中常見的心理問題，雖然這些問題各有其成因，但多半與個人英雄主義脫不了關係，甚至就是個人英雄主義所導致。

現代人罹患焦慮症、憂鬱症的比例是史無前例的高，每五人大約就有超過一人罹患焦慮症、憂鬱症。[3]有害物質成癮問題也愈來愈嚴重，酗酒與類鴉片成癮人數的持續增加，就是最好明證。[4]更不幸的是，學者口中的**絕望死亡**（deaths of despair），也就是毒品、酒精、自殺導致的死亡人數依舊不斷攀升。根據我在撰寫本書時所能取得的最新數據，二〇一七年美國絕望死亡人數已超過十五萬人，這項數字堪稱史上最高，將近是一九九九年的兩倍。[5]

根據認知科學、心理學、組織行為學、醫學、社會學的最新研究顯示，許多人因為心懷不滿而深感困擾。大型民調公司蓋洛普（Gallup）的研究則指出，美國人的整體幸福感以及對生活的滿意度，從二〇〇八年開始降低將近一〇%。《美國照護期刊》（*The American Journal of Managed Care*）表示，這項數據「代表美國人並非一切都好」。[6]造成這種現象的原因很多。即使在新冠肺炎疫情爆發之前，參與傳統社區集會的人數已經創下近代史上新低。[7]政治部落主義（political tribalism）則是持續崛起。在此同時，專家認為寂寞與社會孤立已經相當氾濫。[8]二〇一九年，世界衛生組織將倦怠正式列為疾病，定義為「未妥善處理的慢性職場壓力」。[9]失眠也是前所未有的普遍[10]，慢性疼痛也一樣。

看看這些數據，不難窺見現代人無法感到滿足、永遠覺得自己不夠好的問題有多麼嚴重。諷刺的是，從傳統標準來看，許多深受上述問題困擾的人，不僅很有生產力，而且是很成功的人。但他們內心真正渴望的，顯然不是這種成功。

身陷個人英雄主義的跡象

我們該如何知道，自己是否在不知不覺中身陷個人英雄主義思考模式？個人英雄主義所帶來的影響可能以不同形式出現，以下是我最常觀察到的幾項特徵：

- 常常感覺輕微焦慮，而且長期處於匆忙、缺乏耐性的狀態。
- 感覺生活彷彿被一股狂亂的力量推著團團轉，拉著我們從一件事趕到另一件事。
- 有一種反覆出現的直覺，總覺得有什麼事不太對勁，卻又不知道是什麼事，更不用說設想該怎麼解決。

- 不想一直處在開機狀態，卻又無法讓自己關機。一旦真的關機，心情反而會不好。
- 感覺自己忙到受不了，但有了空閒的時間與空間，卻又感到莫名躁動。
- 容易分心，無法專注，靜靜坐著就會忍不住去拿手機。
- 想做得更好、變得更好、感覺更好，但不知道該從何著手。
- 被「如何幸福、如何提升自我、如何成功」的相關資訊與產品，以及各種矛盾的說法淹沒，而感到不知所措。
- 感覺內心寂寞或空虛。
- 總是感覺不滿足。
- 以傳統標準來說堪稱「成功」，但總覺得自己不夠好。

這些是現代人的常見特徵，也許也是大多數人的寫照。但接下來你慢慢會發現，其實我們不必把日子過成這樣。

以更好的方式，走上踏實之路

我在與摯友馬利歐一同出遊的路上，不斷思考著一些事情。當時我們兩人經歷著各自的難關，心情都不太穩定。那天涼爽有風，天空是淡灰色的。巨大的紅杉頂部的樹枝，被風吹得劇烈搖晃，但幾十公尺以下的部位，卻是動也不動。樹幹堅若磐石，堅韌的樹根往四處蔓延，盤根錯節牢牢抓住地面。

這時，我腦海中的燈泡突然亮起，轉頭看著馬利歐說：

我想到了，我們缺的就是這個，我們需要培養的就是這個！我們不應該再花這麼多時間擔心最頂部的那些樹枝，而是應該將心思用在滋養我們內部的深層樹根。我們應該呵護的，是讓我們無論面對任何天氣都能牢牢站穩的東西，也就是我們的根基。我們真正的根基，是那些在一心一意追求外在成就的生活中，一直被我們忽略遺忘的原則和習慣。

在那一刻，我突然明白自己內心真正渴望的是什麼。這也正是馬利歐、找我諮詢的客戶、本書中所提到的成功精英，以及全世界每一個人真正渴望的東西：

讓自己獲得踏實感，因而擁有更深層、更令人滿足的成功。

所謂「踏實」，是一種堅定的內部力量與信心，能讓你度過人生的高低起伏。踏實是一種深厚的操守與剛毅，也是一種完整，從而衍生出恆久的成功、幸福及滿足。但有一個常見的陷阱：一旦你太專注在生產力、效能最佳化或成長，或是被新奇又光彩炫目的玩意所迷惑，就會忘記你的根本，到頭來就會感到痛苦。相反的，當你將踏實擺在第一位，便不會忽略熱情、表現或生產力。

做個踏實的人，你的抱負不但不會消失，反而會變得更趨穩固。你的努力不再是無效的窮忙，而是變得更專注、更持久、更能從中獲得滿足。你的關注焦點將不再局限於達成眼前目標，而是更專注於落實核心價值、追尋內心真正渴望的東西，以能讓自己感到自豪的方式，展現真實自我。

做個踏實的人，不需要往前看，也不需要往後看。你只要專注投入此時此刻，就能為自己帶來真正的力量，讓你所經歷的成功更為強大，也更為持久。唯有踏實，才能為你帶來真正的突飛猛進，創造真正恆久的成功。

請想一想：

- 如果你不再終日汲汲營營於傳統定義的成功，而是努力讓自己踏實，將會如何？

• 萬一你該做的是專注經營現在，而非期待未來，將會如何？
• 你不再拚命維持顛峰狀態，不再執著於外在的成績，而是努力打下堅實的基礎，你追求的踏實不是一種結果，也不是一次成績，而是一種生活方式，又會如何？
• 因為踏實，讓你一生都能拿出最佳的表現，還能擁有幸福與滿足，又會如何？
• 我們如何能擁有這種強大的踏實，不受人生起伏影響？
• 有沒有一種辦法，能讓我們更自在、更滿足、更踏實、更完整，但仍然能將自身潛力發揮到極致？

接下來，我將從科學研究、古代智慧，以及現代頂尖成功人士的經驗，尋找這些問題的答案。

科學研究怎麼說？

研究顯示，快樂是現實減去期待的結果。換句話說，快樂的關鍵並不在於一直想要更多、努力爭取更多。快樂其實來自當下，來自創造有意義的人生，而且在當下全心全意的投入。[11]無論用何種方式定義快樂或幸福，滿足個人的基本需求（包括住所、食物、醫療等），絕對是快樂或幸福的關鍵，基本需求得不到滿足，人生就很難更上層樓。有些研究顯示，收入愈高，就愈幸福快樂，然而其他研究則提出不同看法，例如諾貝爾獎得主、心理學家丹尼爾·康納曼（Daniel Kahneman）的研究發現[12]，當收入一旦超過一個門檻（亦即年薪六萬五千至八萬美元左右，也許各地稍微有些差異），較高的家庭收入並不會創造較多的快樂幸福。就算能，也不會是促成快樂幸福的主因。

況且，每個人都受到行為科學所謂「**享樂適應**」（hedonic adaptation）的影響：當我們獲得新的成就，快樂、幸福與滿足感會上升，但上升短短幾個月後，又會回到原先水準。正因如此，要在外在上脫離個人英雄主義，才會如此困難，甚至完全不可能。坦白說，以為能在外在上脫離個人英雄主義，反而正是個人英雄主義的陷阱。

發明「抵達謬誤」（arrival fallacy）一詞的哈佛大學心理學家塔爾·班夏哈（Tal Ben-Shahar），曾談到許多人無法長久快樂幸福的關鍵。他說：「我們活在一種錯覺之中，應該說是虛假的希望，以為一旦成功之後，自己就會快樂。」但是等到我們終於成功、終於「抵達」目的地，也許會感到短暫的幸福，卻不會得到持久的幸福；更何況人生中難免有失敗的時候，難免會有感到挫折的時候。班夏哈說，當這種在外在尋求幸福，卻又找不到持久幸福的惡性循環一再重複，我們總有一天會失去希望。[13]

其實不需要變成這樣。這本書會告訴你，你的設定點是可以改變的，你的快樂、幸福、滿足以及表現是可以永遠提升的，而且這些與經營外在成就，或是追逐地位無關，而是與讓自己踏實有關。

在臨床心理學領域，「接受與承諾治療」（acceptance and commitment therapy，簡稱ACT）、「認知行為治療」（cognitive behavioral therapy，簡稱CBT）以及「辯證行為治療」（dialectical behavior therapy，簡稱DBT），是最能對抗焦慮、穩定情緒與提升自信的三種療法。這三種療法的共同點，是認為踏實能帶給我們快樂、穩定以及平靜。然而這三種療法通常只用於治療嚴重心理疾病與成癮症，這其實很可惜。在接下來的章節中，你會看見這三種治療方法以及相關的練習，其實能造福每一個人，從尋常人到世界級成功人士均能受惠。

透過新興的表現科學（performance science）研究，讓我們了解到任何一種持久的成功，都必須建築在健康、幸福，以及對整體生活感到滿意的堅實基礎上。如果個人缺乏上述基礎，短期上也可能取得不錯表現，但幾年後往往會陷入倦怠，甚至面臨崩潰的困境。習慣與身體和情緒創傷搏鬥的成功者有一個共同點，那就是不重視踏實，只想不斷往前衝刺；相反的，重視踏實的人在職業生涯中較可能獲得持久的成功，自己也會感到滿足。無論在運動、創意、商業或醫學領域，情況皆是如此。

最後值得注意的是，數十年來有關動機與倦怠的研究顯示，內在動機者的動力往往發自內心深處，對特定目標投入的努力最持久，所獲得的成就感也最高。相反的，外在動機者往往是為獲得外在肯定而努力（甚至許多人有外在肯定成癮的傾向），因此投入難以持久，也不容易從中獲得成就感。

古代智慧怎麼說？

世上的每一個古代傳統智慧，幾乎都強調踏實的重要性。踏實就像避難所，是一種發自內心的力量與穩定感，是一種由衷的深厚自信，更是一種自我歸屬感。內心踏實的人，比較不容易被短暫的欲望所困，也比較不容易被日常生活的挑戰壓垮。

幾千年來，佛教、斯多噶主義、道家這些古代傳統智慧都在提倡這個道理。佛陀告訴我們，唯一能找到真正的平靜之所在，是我們的「關愛意識」（loving awareness），也就是西方人口中的靈魂，是我們潛藏在日常生活的忙碌與內容之下的部分，是一種恆久而重要的本質，不受外在波動干擾。佛教也宣揚所謂的「正確的努力」（right effort）[14]，意思是說一個人的努力若是有踏實的根基，就會有更實質的貢獻、滿足與成就。

斯多噶主義相信，我們若想擁有好的人生，必須停止追逐「社會地位」、「他人肯定」之類不長久的東西，而是該轉而追求踏實。與其在自身之外找尋滿足與成就，不如向內在找尋。知名道家哲學家老子主張，世事起起伏伏，但若能堅守自己的陣地，就能維持平衡，不受周遭的紛亂干擾。

第四世紀基督教神學家聖奧古斯丁（Saint Augustine）認為，人類確實會渴望世俗成就，但他也主張，若是淪為外在抱負的奴隸，就永遠不會滿足，永遠都在追逐下一個最好的東西，永遠被短暫的事物糾纏，永遠在錯誤的地方尋找愛。這種觀念與後來班夏哈提出的「抵達謬誤」概念類似。

十三世紀的基督教神祕主義者埃克哈特大師（Meister Eckhart）認為，應該要培養堅定的踏實根基，從而衍生出真誠的行動。他說：「內在能促進有效的行動，而有效的行動又會回歸內在，我們就會習慣自然而然行動，不帶一絲強迫。踏實的根基扎得愈穩固，未來成就會愈高，愈是不可限量。」[15]

這些古代傳統智慧分屬不同時代與地區，卻不約而同的指出一個重點：想擁有幸福人生，而且能長久幸福下去，就必須踏實。他們全都提倡「**睿智的行動**」，而不是現代人習以為常的「**被動的反應**」。本能的反應往往流於倉促莽撞，睿智的行動則表現得更為深思熟慮。睿智的行動來自個人的內在力量，來自踏實的生活。

現代頂尖成功人士告訴我們什麼？

我觀察過許多世界頂尖成功人士，發現他們莫不致力於奠定踏實的根基。看看哈佛大學進行的長期研究「黑馬計畫」（Dark Horse Project），探討各種特殊領域的男女如何發展出獨特的方式，達成他們自己定義的最佳表現，更重要的是，得到成就感以及對於生活的滿足感。這項計畫的研究對象包括音樂工作者、犬類行為訓練師、作家、侍酒師、熱氣球駕駛員等。研究結果發表於人類發展學家陶德・羅斯（Todd Rose）與神經科學家奧吉・歐格斯（Ogi Ogas）合著的《黑馬思維》（*Dark Horse*）一書。

從研究結果可以看出，依循非傳統途徑走向美滿人生的人具有兩項主要特質：這些「黑馬」專注於達成自己心中最重要的目標，不會拿自己與其他人比較，也不會勉強自己達成傳統定義的成功。羅斯說：

首先要認識自己。大多數的人思考自己，通常只會想到自己的專長或是職業……我們發現這些黑馬全神貫注在對他們來說很重要、能激勵他們的事情，把這些事情當成他們的身分。我認為當一個人專注在真正能激勵自己的事情上，就能走在成功的道路上。[16]

研究那些歷經痛苦、遭遇低谷，卻能重振旗鼓的世界級成功人士經驗，也能歸納出實用的心得。這些成功人士包括：參加過兩屆奧運的鐵人三項運動員莎拉・圖爾（Sarah True）、音樂家莎拉・芭瑞黎絲（Sara Bareilles）、籃球明星凱文・洛夫（Kevin Love）與德瑪爾・德羅森（DeMar DeRozan）、《歡樂滿屋》（*Full House*）演員安卓雅・巴柏（Andrea Barber），以及開創新領域的科學家史蒂文・海耶斯（Steven Hayes）。你在後續的章節會發現，他們都曾因為個人英雄主義而歷經倦怠、焦慮及憂鬱。他們的低潮有一個共同點：通常都是出現在過於努力追求傳統定義下的成功之後。他們是在回頭打造踏實根基之後，心境才得以好轉，表現也才得以進步。

踏實成功六大原則

無論是在寫作或擔任企業教練時，我所依循的指導原則就是「找出模式」。我對於所謂的成功祕訣、應急策略，或是個別小型研究結果不感興趣，那些主張通常噱頭很大，實質效用卻有限。別聽信行銷大隊、標題黨、偽科學提倡者說的話，天底下沒有哪種神奇藥方，能帶給你深度的快樂、永遠的幸福、恆久的成功。

我感興趣的是「會聚」（convergence）。如果眾多領域的科學研究成果、世界各大傳統智慧，以及頂尖成功人士的親身經驗，全都指向相同的真理，那麼肯定值得我們重視與關注。這項真理就是：當你專注於活在當下，而不是只在乎結果，當你無時無刻都能堅持踏實穩固的生活，就自然能夠擁有快樂、成就感、幸福感以及恆久的成功。

這本書其餘的篇幅將討論如何實踐這項真理。首先，我將介紹實證證明的重要踏實原則，結合現代科學、古代智慧，以及快樂、健康、成功人士的親身經驗。遵守「接受」、「臨在」、「耐心」、「脆弱」、「連結」以及「運動」等六大原則，就能擁有堅定踏實的根基。以下是六大踏實成功原則的簡介：

- **接納現在的你，才能達到你想要的目標**。要認清、接納現在的你，當作努力的起點。先不要去想你想成為的人，也不要去想自己或其他人認為你該有的樣子。而是現在的你。
- **要臨在，才能重新掌握你的注意力與精力**。身心都要專注在眼前的事情。多花些時間，全心經營當下的生活，而不是滿腦子只想過去或未來。

- **有耐心，就會更快達到目標**。要讓事情有充足的時間與空間發展。不要為了逃離生活，刻意以極快的速度行動。不要期待馬上會有成果，沒看見成果就放棄。要從追尋者成為實踐者。眼光要放長遠。要堅持下去，不要一天到晚變換方向。
- **擁抱自己的脆弱，才能發展真正的力量與自信**。做人做事都要真誠。對待自己，對待其他人都要真誠。要消除你在職場的自我、在網路的自我，以及真實的自我之間的認知失調。你就能認識，也就能信任真正的自我，進而擁有自由與自信，將精力用於真正重要的事情。
- **建立深度社會連結，擁抱安全感與歸屬感**。要重視的不只是生產力，人也很重要。你置身的環境，必須能給你適度的支援，伴你度過人生的起伏，也給你支援他人的機會。
- **運動你的身體，為你的大腦建立踏實的基礎**。養成規律運動的習慣，能夠幫助你的身心彼此融合，讓身體與大腦連結，無論身在何處，都能專注在當下。

在後面的章節中，我們將一同探索各項原則背後的跨學科證據。我們將一同見證各項原則如何相輔相成，就像讓巨大紅杉得以穩固聳立的樹根。我們還將一同探討一個有趣的現象：為何捨棄（或者至少是比較不重視）對幸福與成功的追求，轉而專注建立持久的踏實根基，反而是獲得幸福與成功的最可靠途徑。

縮短「知」與「行」的差距

本書介紹的概念與想法，應能為你的思維方式帶來正面影響，但你必須付諸實行，才能完整發揮它們的力量。因此你不僅將認識踏實成功原則，也會學到經過實證有效的方法，幫助你將這些原則轉化為生活中的實際行動。我總提醒找我諮詢的客戶，這就是**「知」**與**「行」**的差距。首先你必須理解這個東西、相信這個東西的價值，然後你必須付諸實踐。在接下來的六章中，會逐一詳細闡述各項原則，以及該如何加以具體實踐。

值得注意的是，實踐踏實成功原則不僅要對抗社會慣性，還要對抗你自身的個人慣性，也就是你過往的生活與行事方式。所以，如果你發現自己明明知道許多習慣會產生不良後果，但依舊很難改掉，這完全是正常的現象，畢竟長期養成的慣性不僅真實，而且非常強大。改變是一種挑戰，踏實的生活是一種永不停歇的實踐。

了解道理是一回事，日復一日的實踐又是另外一回事。一行禪師曾說：「如果你想從事園藝，就必須彎下腰觸碰土壤。園藝是一種實踐，而不是一種想法。」[17]

就讓我們一同啟程，逐步奠定堅定不移的踏實根基吧！接下來，將從第一項踏實感原則開始，了解邁向目標旅程的第一步，就是要先接納現在的自己。

第二章

原則 1

接納

接納現在的你，才能邁向真心想要的目標

二〇一六年八月。巴西的里約熱內盧這一天天氣很熱。這裡是科帕卡瓦納砲台（Fort Copacabana），是位於南大西洋邊緣的軍事基地。世界最頂尖的鐵人三項運動員即將跳入水中，展開游泳、單車、長跑比賽，爭取奧運的最高榮譽。代表美國參賽的三位女運動員之中，有一位名叫莎拉・圖爾。

莎拉並非首度參賽。她在二〇一二年奧運拿到第四名的成績，只差區區十秒就能奪得銅牌。當時的她下定決心，要在二〇一六年完成四年前的未竟之業。此外，這也是為她的先生班恩・圖爾（Ben True）而戰。班恩不僅是世界級的鐵人三項運動員，還是美國史上最優秀的中長跑運動員之一，卻始終與奧運無緣。班恩全心投入訓練，期盼付出的努力能在二〇一六年開花結果，沒想到，他以一秒之差在選拔賽中落敗，未能入選奧運代表隊。這對夫妻一生努力追求卓越，距離目標卻總是差那短短的一步之遙，以些微秒數落敗。更糟的是，這樣的挫敗不只一次，而是兩次，真是讓人無語問蒼天。

因此，當莎拉從科帕卡瓦納砲台碼頭躍入海面的那一刻，所肩負的是兩個人的希望。她告訴我：「無論我們喜不喜歡，**我們的**奧運之路，已經變成**我的**奧運之路。」

莎拉游得相當好，完全發揮出平常累積的實力，讓她贏得金牌的機會大幅增加。但她爬上岸並衝向單車的過程中，一條腿卻開始抽筋。她想，應該是腿部肌肉太緊繃，等到開始騎單車就會放鬆。結果卻事與願違，她騎得很吃力，一路繃著臉往前騎。最後她實在撐不下去，只能退賽。她說：「我的身體辜負了我。」[1]現實往往就是這麼簡單而殘酷。

莎拉竭盡全力故作淡定，但那只是裝出來的，她的內心已經崩潰。她從巴西搭飛機返抵美國，不久就一路滑落到憂鬱症的深淵。她回憶起當時的情況：「我每天晚上得吃醫師開的安眠藥跟止痛藥才睡得著，而且只能勉強睡個四小時左右。」當時的她總想著：「我辜負了班恩、辜負了我自己。一切都已經毫無意義。」

面對這樣的處境，莎拉做了任何一位鐵人三項運動員都會做的事。她試圖用忍耐來克服痛苦，告訴自己：「一切都會過去，你一定能撐過去的。」不幸的是，她錯了。就連過往對她非常有用的自我麻木機制——持續數小時的自行車騎乘訓練，都變得無法奏效。在與我面談時，她對我說：「我的腦海中不斷浮現結束自己生命的念頭。在長時間的訓練過程中，我一直考慮直接騎向迎面而來的車流，任何一輛車都可以是結束這一切的工具。」

她的狀況愈來愈差，直到二〇一七年仍不見好轉。日子就這樣一天天過去，莎拉覺得自己的憂鬱症狀已經差到不能再差，但情況偏偏就是持續惡化。

二〇一七年中，莎拉終於對自己的處境敞開心房，完全接受自己的傷痛，以及隨之而來的重度憂鬱。她不再抗拒、不再試圖孤軍奮戰，而是展開密集治療。當我請她回想那段日子時，她想不起是哪一天、哪一件事、哪個理由促使她尋求協助。最重要的是，她累了，而且她還活著。

她對我說：「鐵人三項運動員通常受到的訓練就是要有耐力，要堅持下去。要是身體不對勁，你應該要更努力，咬緊牙關繼續前進。」然而，這種態度顯然對莎拉目前的處境一點也不管用。

莎拉從高中時代就一路斷斷續續與憂鬱症搏鬥到現在。對過去的她而言，放慢腳步接受眼前的現實、正面迎戰憂鬱症以及造成憂鬱的成因，難度遠比在最艱苦的鐵人三項比賽中堅持到底還要更高，這讓她不太想去面對和解決這些問題。

但在經歷這次猛烈的病情之後，她終於意識到，自己永遠找不到一個完美的時機可以停下腳步，全面迎戰整個病情。同時，她也終於發現，原來自己一直生活在一個非常脆弱的基礎之上。於是她做出決定，不想再繼續這樣下去。

接納當前的現實，才能往前走

儘管情況或許不像莎拉所遭遇的那樣嚴重，但我們也都曾經歷過職涯和人生中的高低起伏。生活並不容易，世事往往無法盡如人意，人類的處境更是一團混亂。從衰老、疾病、死亡到生存，我們所無法控制的事情，總是遠比我們所能掌控的更多。這讓我們很難也很不願意接納現況，但現實就是如此。

當事情發展不如預期時，我們往往不願接受現實，而是試圖施展某種思維魔法，說服自己現在的處境其實沒有那麼糟。學者將這種現象稱為「**動機性推理**」（motivated reasoning），也就是我們傾向於**不願意**認清真正的現實，而是去尋找證據來支持自己心中所認定的現實。例如，你明明清楚自己再也不想做這份不喜歡的工作，卻不願意面對這個會讓你感到不自在的現實，於是找出一堆理由來說服自己，努力證明現在這份工作其實也挺不錯的。

有些人甚至會選擇一條更簡單的路，直接忽視自己所承受的壓力來源。我們就像鴕鳥般把頭埋進沙子裡，盲目的遵從個人英雄主義和社會文化告訴我們的解決方案，例如：保持正向思考、試圖讓自己麻木、瘋狂購物、不斷在推特上發文。我們發狂似的強迫自己做些事情，來分散自己對問題與恐懼的注意力。我們從不願承認並面對問題的根源，卻奢望情況能夠好轉。這樣做確實能夠減少短期痛苦，卻不是有效的長期解決方案。

無論我們面對的是不良習慣、一段關係當中的寂寞感、職場的倦怠、緊張不安的身心狀態、瀕臨動亂的社會氛圍，即使真正需要處理的問題就在眼前，但我們已經養成一種逃避問題的行為模式。於是，我們從來不曾感到完全踏實，因為我們並非生活在完整的現實。

踏實的第一項原則，是接納。

無論大事小事，想要事情獲得進展，就必須把「接納現在的你」當成起點。請注意，你所要接納的不是「你希望成為的你」，不是「你認為你該成為的你」，也不是「其他人認為你該成為的你」，而是「現在的你」。

你很快就會發現，接納是當下擁有快樂與成功的關鍵，也是未來提升生產力的關鍵。開創人本主義心理學的卡爾．羅傑斯（Carl Rogers）終其一生都在協助他人追求個人成長與滿足，以下或許是他最精闢、最著名的見解：「一個有趣的悖論是，當我全然接納當下的自己，我將就此發生改變。」[2]

你初次聽見「接納」，可能會聯想到放棄、滿足現況、草率了事，或是甘於平庸。但事實並非如此。接納並不是被動放棄，而是評估眼前的情況，無論自己喜不喜歡，都要認清現實。唯有徹底認清現況，而且至少要能接受自己身在其中，才能以智慧且有效的行動，達成自己的目標。

我學會「接納」，是從我克服強迫症開始的。如今，我在人生的各個層面以及與客戶諮詢的過程中，都盡量實踐「接納」的原則。在強迫症發作之前，每當我面對挑戰，通常會先否定、抗拒或忽視，到最後不得不面對，就只好想辦法解決。這些方法在過往也曾奏效，例如我曾被高中籃球校隊開除，被我以為會嫁給我的大學女友甩掉，沒拿到想要的工作，失去潛在客戶，也曾屢次被退稿。上述問題都可以用之前的方式應對。

可是，強迫症卻是一頭截然不同的怪獸。沒完沒了的思緒、懼怕與絕望的感覺、自殘的衝動等等。就算這些症狀其來有自，也已經夠糟了，要是來得莫名其妙，那就更加恐怖。典型的強迫症，就是無緣無故會出現這些毛病。

記得強迫症的狂風暴雨向我襲來的時候，我的妻子正懷著我們的第一個孩子，時機簡直糟到不能再糟，我只能拿出我唯一知道的辦法。我先是完全否認我有強迫症，告訴自己：我的身體罹患某種詭異的疾病，也許是某種影響大腦的病毒，不管如何，我總有一天會痊癒。

接著，我開始抗拒他人的幫助，試圖靠自己來解決問題。我不停驅趕那些思緒、感覺與衝動，不斷對自己說類似這樣的話：**這只是一場惡夢，並不是真實的。我可是指導別人心理技能與成功祕訣的專家，所以我一定能用意志力克服難關。**

事實上，這整段話沒有一句是對的。我完全拒絕接納自己的情況，一味抗拒不僅毫無幫助，反而還會讓問題變得更糟。我愈是抗拒我的強迫症，症狀就愈嚴重。無論是刻意壓抑不請自來的思緒、感覺與衝動，或是完全置之不理，都只會得到愈演愈烈的反效果。

最後，我在一位親切、有同理心、高明的心理師協助之下，正式向強迫症投降。我接受自己生病的事實，接受那些思緒、感覺與衝動確實存在，接受它們不會在一夕之間消失。問題不可能在幾小時內解決，幾天也不可能。我必須學會面對當時人生中所遭遇最艱難的挑戰：接納那些令人厭惡的思緒、感覺與衝動，學習與它們長期和平共處。

我的心理師告訴我，我不必喜歡強迫症，但我必須擁抱它。至少我必須認清強迫症是什麼，學會不再抗拒現實，不再期待能逃離現實。即使到現在，我依然無法忍受，但我仍必須學著與現況共存。

接納，是我在復原之路上真正踏出的第一步。唯有承認自己不想承認的問題、接受自己不想接受的現實，才能真正開始改善自己的處境。當你把心力放在抗拒一個問題，就不可能同時去解決這個問題。歸根究底，如果你連已經確實發生的問題都不願意承認，又怎麼有可能解決它呢？我們總是關注人生中的嚴峻挑戰，卻沒有試著去了解、接納、處理背後的真正原因。

接納與快樂

癡心妄想而不願接受現實，不僅會妨礙你改善未來的處境，也會導致現在的你感到不滿。二〇〇六年，南丹麥大學（University of Southern Denmark）的一群流行病學家開始進行一項研究，他們想知道丹麥人民的快樂與生活滿意度為何屢屢高於其他西方國家。這項研究結果最後發表於《英國醫學期刊》（*The BMJ*），特別強調「期待」的重要性。幾位研究者寫道：「如果期待太高，甚至高到不切實際的地步，就有可能導致失望以及生活滿意度低。丹麥人民的生活滿意度很高，期待卻非常低。」[3]

在二〇一四年的一項研究，倫敦大學學院（University College London）的研究人員探討一群人在不同時刻的快樂程度，發現「人們因為從事某項任務而產生的短暫快樂，並非來自任務所給予的獎賞，而是來自於即將得到獎賞的期待，以及這些期待衍生出的預測誤差。」[4]把這段話翻譯成白話文，就是指在任何時刻，快樂都來自於現實減去期待的結果。

也就是說，當你的期待總是高於現實，你就永遠不會滿足。這讓我想起軟體巨擘Basecamp的創辦人兼執行長傑森・富萊德（Jason Fried），他寫過許多探討工作滿意度的文章。他說：「我以前總是有很多期待，一直拿『真正的現實』跟『想像出來的現實』比較，這是很耗費心力的。我認為一直這樣比較，往往無法單純享受一件事情所能帶給你的快樂。」[5]

我要表達的重點並不是叫大家把期待放低，畢竟追求更高的目標，挑戰更高的可能性，是個人成長的關鍵。立下高遠的目標並沒有錯，甚至可說是值得讓人尊敬，但有一點非常重要，那就是在努力的過程中，也必須專注當下、接納當下的現實。與其滿心期待情況能夠有所改善，卻因一再落空而感到萬分失望，還不如欣然接納真正的現實。當你接納成功，也接納失敗，才能採取睿智的行動，實現你所渴望的改變。相反的，如果只是盲目爭取快樂和成功，反而會離快樂和成功愈來愈遠。

當代知名神話學大師、「真正的」英雄主義專家約瑟夫·坎伯（Joseph Campbell）寫道：「英雄們面臨的弔詭難題，是我們認為人生**該有的**樣子，很少符合人生**真正的**樣子。」[6]他在幾十年的研究當中發現，不同文化傳統故事中隱含著相同的結構，英雄往往在旅程的某個階段，會面臨必須縮短現實與期待差距的處境。一般而言，主角會因為抗拒現實而陷入停滯的僵局，但他們終究還是會接受現實、克服困難。簡單來說，關鍵在於他們學會接納，因而採取合宜的強大行動，進而成就自己的英雄之路。

現代人受到個人英雄主義的影響，行事容易流於狂亂、不經思考，但我們其實可以試著像坎伯所說的英雄，在人生的過程中即使遇到逆境，也能學會接納，並採取睿智的行動。然而，說自己要學會接納談何容易，我們該如何真正學會接納？幸運的是，接下來我們將介紹一種方法，它經過四十年來一千多項研究的科學實證，也已經證明確實有效。

接納與承諾

史蒂文．海耶斯（Steven Hayes）是內華達雷諾大學（University of Nevada, Reno）臨床心理學家與教授。他出版過四十四本書，指導過無數博士生，也是世界上被引用次數最多的一千五百位學者之一[7]，堪稱為當代最具影響力的臨床心理學家。他曾分享自己邁向英雄之路的關鍵轉折點，是在一九八二年某天的半夜。時間是凌晨兩點，地點是他與當時女友同租的公寓。當時的他，躺在金棕相間的粗毛地毯上，深陷在焦慮與恐懼的情緒之中。

海耶斯對我說：「三年來，我每況愈下，最後墜入恐慌症的地獄。」一個心理學博士竟落到這種地步，格外讓他感到難堪與困惑。照理說，學習心理學的他對於負面情緒應該能應付自如，但某次，他在系上會議看著眾人爭吵，異常嚴重的焦慮感突然來襲。不久後，焦慮開始入侵他的日常生活，無論是和朋友相處、出門運動，甚至連在家裡都飽受焦慮之苦。一九八二年那天凌晨兩點，海耶斯因為他口中的「霸王級恐慌症」而驚醒。他的心跳異常劇烈，能迫切感受到頸部、額頭、手臂的脈搏。他的胸口沉重，雙臂抽筋，呼吸困難。

海耶斯對我說：「我當時想打九一一，我覺得自己是心臟病發作。沒錯，我早就知道自己患有恐慌症，身為心理學家我也很清楚恐慌症病發時的症狀，但我的大腦不停的對我說：這次不一樣，這次可嚴重了！是貨真價實的心臟病發作！」

現在該怎麼辦？他的腦海閃過一堆念頭，無論做什麼都行，只求趕快脫離現在的處境。他記得當時他判斷自己無法開車，所以應該趕快叫救護車。他說：「我一直想要打電話，請他們把急診室準備好。我對自己說，史蒂芬，你他媽的快打電話，你心臟病發就快要死了。」但是他最後還是沒有打電話，反而經歷一趟「靈魂出竅」的經驗。

當下，海耶斯感覺靈魂離開自己的身體，站在一旁看著躺在地毯上的自己。在腦海中，他看到叫救護車之後發生的事：「我隱約看見醫護人員衝進家門，救護車瘋狂鳴笛把我送進醫院。到了急診室以後，一堆人忙著幫我接上管子和設備。接著，一位年輕醫師走了進來，帶著詭異的笑容對我說：『史蒂芬，你不是心臟病發作，只是恐慌症發作。』」海耶斯知道醫師說得沒錯，他說：「那種感覺像是被打入地獄，而且是最底層。」

但這一次的經驗，卻令海耶斯彷彿從谷底重生。他突然發現另一條道路，一條通往自己靈魂深處，一個鮮少被探索的地方。他告訴他自己：「**聽著，我不知道你是誰，但你顯然能夠傷害我、讓我痛苦。但我要告訴你，有件事是你無法辦到的，你無法強迫我逃避自己所經歷的一切。**」

就在這個瞬間，海耶斯站了起來。他低頭看著金棕相間的粗毛地毯，向自己許下承諾，再也不會逃避自己。他說：「當時的我還不知道該如何遵守這個承諾，也不知道該如何將這個承諾帶入日常生活之中。但我知道我辦得到，我決定再也不選擇逃避。」

海耶斯開始努力研究自己的親身經驗，試圖探索當時是怎麼回事，又該如何運用這次的經驗，不僅幫助自己，也幫助其他人。於是他展開四十年的科學探索，經過數百次實驗，他發現當我們愈想避開不愉快的狀況、思緒、感覺以及衝動，它們反而會出現得更頻繁、更強烈。在海耶斯經歷那決定命運的一晚，他領悟到這個道理，之前的他就是一直逃避。他說：「如果你不能徹底敞開心房接納眼前不愉快的處境，就永遠不可能以健康態度面對人生難題。」

海耶斯發展出一套名為「接受與承諾治療」（acceptance and commitment therapy，簡稱ＡＣＴ）的治療模式。簡單來說，他主張當我們面對身體、情緒或社會上的可怕處境時，採取抗拒態度只會讓情況更糟。最好的處理方式，是先接納當下發生的一切，敞開心房去細細體會、學著與之共存。然後你必須做出承諾，承諾依循內心最深處的價值觀，讓自己去感受現實、接受現實、認清現實。當你選擇不再逃避現實，反而更能承擔現實，採取更有效的行動。

接受與承諾治療的一大重點，是允許自己**不一定**每次都要做好迎戰的準備，並且允許自己去體驗痛苦、受傷、不安、貪婪、憤怒、妒忌、悲傷、空虛等種種讓人感到不愉快的情緒。我們的文化所蘊含的個人英雄主義，要求我們不應該出現這些負面情緒，但這是錯誤的。

古代的佛教主張，每個人一生都會經歷一萬次喜悅、一萬次悲傷，如果你始終不願意接納人類固有的陰暗面，就永遠無法擁有長久的喜樂。人們遇到不愉快的事物時，往往希望它馬上消失，但海耶斯的研究證明，這種抗拒心態只會讓不愉快的情緒更頑強、更揮之不去。[8]我們應停止抗拒現實，不再騙自己一切沒那麼糟，而是開始勇於接受現實、認清現實。

接受與承諾治療的目的並不是幫你消除難題，而是讓你勇於接納人生丟給你的任何課題，即使當下覺得很不容易，還是能夠依循你的價值觀繼續前進。接受與承諾治療的前提並不是新觀念，但海耶斯率先透過科學實驗，證實接受與承諾能大幅改善憂鬱症、焦慮症、強迫症、倦怠感，甚至有助於提升個人表現。海耶斯認為，在關於人類心靈的領域，現代科學常常只是在為古老智慧提供實證證據。[9]

我在這一章後面，會詳細介紹接受與承諾治療最強而有力的指導原則，總共可以濃縮成三部曲，三個首字母正好可以組成ＡＣＴ。

- **接受（Accept）**接受當下的現實，避免將主觀意識混入現實。拉開自己與現實的距離，把視野放寬，就能客觀觀察自身情況，而不會覺得自己受困在其中。
- **選擇（Choose）**符合內心最深處價值觀的那條路。
- **採取行動（Take action）**，即使會覺得害怕或不自在。

接納的智慧：別被同一支箭射中兩次

兩千多年前，信奉斯多噶主義的羅馬帝國皇帝奧理略（Marcus Aurelius）在《沉思錄》中寫道：「如果把你的雙手當成雙手使用，把你的雙腳當成雙腳使用，正常來說難免有時感到疼痛。如果你過著正常人的生活，正常來說難免有時感到壓力。既然這些都是正常現象，又何必厭惡它們？」[10]另一位備受尊敬的斯多噶哲學家愛比克泰德（Epictetus）也主張，如果我們厭惡或害怕自身處境，這些處境就會變成我們的主宰。[11]

在「正向思考」當道的現代，我們被「**如果你並非總是開心或成功，就代表你做事的方式不對**」的訊息轟炸。相較之下，斯多噶主義者的人生觀才較為誠實、較符合人類心理機制。感受到壓力是完全正常的、處於逆境是完全正常的，這並不代表你的意志消沉，而是代表你是個正常人。無論你碰上的是小麻煩或大災禍，你愈是恐懼、否認、抗拒那些問題、痛苦與逆境，處境就會愈糟糕；你愈是聚焦在你能控制的部分，愈是不再擔心你不能控制的部分，就愈有可能改變現狀。

希臘羅馬的斯多噶主義者在文字作品中探討接納的同時，在世界另一頭的印度與東南亞，佛教徒也得到類似的結論。一則典雅的佛教寓言告訴我們，別被同一支箭射中兩次。無論是負面的思想、感覺、事件或是情況，第一支箭不見得是你能控制的。但你可以控制第二支箭，也就是你對於第一支箭的反應。這個反應往往是否認、壓抑、批判、抗拒或衝動行事，這些不但不能減少困難與痛苦，反而會讓情況更糟。佛陀告訴我們，被第二支箭射中更痛，而且被第二支箭射中，就無法明智處理第一支箭。

「第二支箭」是佛教的核心概念。相傳佛陀在覺悟的前夕，受到象徵恐懼、渴望、痛苦、憤怒、妄想等弊病的天魔（Mara）攻擊。一整個晚上，天魔接連端出暴風雨、魔軍，以及惡魔對付佛陀，並以貪婪、仇恨、妒忌、妄想之箭射向佛陀。但佛陀不但沒有抗拒天魔射來的箭，而是以臨在、慈悲、寬厚之心迎向每一支箭，每一支箭也因此化為花朵。花瓣不斷堆疊，佛陀也愈來愈冷靜清醒。天魔繼續發動攻擊，佛陀也繼續以接受及憐憫回應。最後天魔發現，佛陀不會抗拒，也不會反擊，只好撤退。經此考驗，佛陀得以覺悟，總算能看清事物的全貌。無論有多少支箭射向他，他都能保持踏實。

天魔並非只出現一次，而是屢屢出現在古代佛教典籍之中。每次佛陀遇到天魔攻擊，不但沒被誘入否認、妄想、受苦的惡性循環，反而淡淡說道：「天魔，我看見你了。」接受當前的現實，採取睿智的行動，展現堅定的踏實。心理學家與佛教學者塔拉・布萊克（Tara Brach）在她的著作《全然接受這樣的我》（*Radical Acceptance*）寫道：「一如佛陀願意接受與天魔的衝突，我們也能暫時停下腳步，接受人生每一刻的內容。」[12]我們也能將苦難之箭變為花朵，至少能將箭鋒軟化，進而得到無可動搖的踏實感。

這種方法可能與我們過去的生活、做事的習慣背道而馳，尤其是對於在西方社會長大的人來說。我們以往受到的訓練，是遇到狀況要有反應，要掌控自己的狀況，我們總是告訴自己要正向思考，要立刻著手開始解決問題。但首先，我們必須接納當前的現實，這些方法才會奏效。若是不懂得接納，就有可能白費功夫，該處理的事情沒處理，毫無進展可言。若是不接納現實，就會覺得渾身無力且不穩定，彷彿始終站在不堅固的地面，因而無法徹底發揮我們的潛能。

接納與頂尖表現密切相關

常識告訴我們，想要有頂尖的表現，必須始終抱持對成功的渴望，不停奮進，永遠不滿足於現有的成績。但這個常識就像所有的勵志格言一樣有個問題：真相總是稍微複雜一點。我常常跟找我諮詢的客戶討論，置身在自由與愛之中，與置身在約束與恐懼之中，表現會有什麼差異。你腳踏實地的接受當前的處境，相信自己的訓練，有務實的期待，發揮自己的能耐，就置身在自由與愛之中；若是質疑、否認、抗拒當前的現實，覺得自己需要甚至是必須處在另一個環境，或是扮演不屬於自己的角色，就很容易陷入被約束與恐懼之中。

你欺騙自己，不接受當前的現實，懷疑與焦慮幾乎必定會接踵而至。你從為勝利而戰，變成打保守牌，只求不輸。心理學家認為這就是「表現趨近目標」（performance-approach）與「表現逃避目標」（performance-avoidance）的差異。傾向「表現趨近目標」者會努力追求卓越表現、重視成功之後可能獲得的酬賞，同時會更容易沉浸於此時此刻，進入忘我的心流狀態。傾向「表現逃避目標」者則是一心避免犯錯、規避風險、時時留意環境中的威脅與問題，很難真正投入其中。

英格蘭肯特大學（University of Kent）的研究顯示，傾向「表現趨近目標」的運動員，在競賽中的表現通常優於自己原本的期待；相反的，傾向「表現逃避目標」的運動員表現容易不如預期。[13]《運動與運動心理學期刊》（*Journal of Sport and Exercise Psychology*）發表的一項研究發現，相較於「表現趨近目標」，「表現逃避目標」容易導致表現更差，同時加重憂慮、恐懼等心理困境。[14]其他研究也證實，恐懼雖能短暫激發運動員表現，但長期來看不僅效果有限，還會加重壓力與倦怠。[15]這些研究是以運動員為對象，但我也在我指導的經理人、企業家、醫師身上看到相同的模式。一個人若是欺騙自己、不接受當前的現實，就會心生疑惑且缺乏安全感；坦然面對自己、接受自身的現實，就會獲得一種平靜且堅定的自信。

在致力投身於女權及民權運動的奧德雷・洛德（Audre Lorde）身上，就能清楚看到這種自信。她孜孜不倦對抗種族歧視、性別歧視與恐同症，一旦發現壓迫弱勢的行為，就會毫不猶豫的加以揭露。不幸的是，在一個情願粉飾太平的社會中，洛德經常因為揭露不公不義而飽受攻擊。儘管如此，她的寫作仍然帶給大眾希望，從她的文字完全看不到絕望與無助，反而充滿愛與力量。她在一九八四年出版的《局外人姊妹》（*Sister Outsider*）一書寫道：「我所接納的我自己的一切，都無法貶損我自己。」[16]接納並不是默許，也不是屈服，她並不是以接納作為逃避責任、不去努力的藉口。當洛德接納自己、接納被邊緣化者的處境，展現出來的並非默許與屈服，而是以自信、坦率的姿態，繼續投入一場值得投入的戰役，即使勝算極為渺茫。

二〇二〇年春季，新冠肺炎疫情爆發之初，出現另一個以愛為出發點，進而接納現實、走向成功的案例。當時全美疫情正迅速擴散，大量醫護人員不幸染疫，但在醫療量能不足的情況下，不得不抱病照護染疫病患。面對醫院內部艱難的處境，哥倫比亞大學爾文醫學中心（Columbia University Irving Medical Center）外科部主任克雷格・史密斯（Craig Smith）每日發送訊息給醫院員工，說明醫院目前的優先事項及疫情因應措施。史密斯並沒有拐彎抹角，更沒有粉飾太平。他的訊息流露著接納與坦承的態度，內容雖然嚴肅，卻也充滿關愛，因而能夠帶領眾人，在這個歷史的關鍵時刻迎向最終勝利。

如果我高估疫情的嚴重性，以至於幾個星期後必須再三向大家公開致歉，我會為此感到非常高興……然而，如果我們低估疫情的嚴重程度，接下來一兩個月勢必將面臨難以想像的災難。所以我們現在應該做些什麼？如果我們要把貨物送達阿拉斯加的諾姆，那就把東西放上雪橇、檢查韁繩、餵飽雪橇犬，然後繼續前進吧！請記得，我們的家人、朋友、鄰居正處於擔心害怕之中，許多人面臨失業或無事可做的窘境，對現況深感無能為力。而從事醫療業服務的我們，還可以高高興興忙碌著，這是一種無上的殊榮！讓我們一同努力不懈，昂首前行！（二〇二〇年三月二十日）。

今天的《紐約時報》（*The New York Times*）刊出一整版的新冠訃聞，這種現象應該還會持續好一陣子。西方人首次橫越非洲的探險，路程全長七千英里，從一八七四至一八七七年，共費時三年完成。一路上遭遇的危險、匱乏及疾病侵擾，實在令人難以想像。出發時共有兩百二十八人（含三十六名女性及十位兒童），一路上有些人加入，有些人逃走，最終總計一百一十四人死亡，一百零八人順利返家，死亡率五〇%。嚴格來說，順利返家的只有一百零五人，多出三人是在途中出生的孩子，他們幸運的在漫長旅程中活了下來。是的，生命會自己找到出路！（二〇二〇年三月二十九日）[17]

史密斯博士的訊息在全美各地醫院廣為流傳，成功幫助美國擋下新冠疫情的第一波攻勢。可惜的是，許多領導人依然秉持剛愎自用、拒不認錯、毫不修飾的個人英雄主義，導致危機不斷加劇與延長。

問題背後的根源，是現代社會不願接納現實、以恐懼與逃避為出發點的文化。很多人受到這種心態影響，不斷追求具體、可量化的成果，以為唯有達成更多，我們才能成為一個完整的、值得別人尊敬的人。然而，這樣的渴望不僅無法帶來頂尖表現，還會引發焦慮、憂慮、倦怠以及各種違反道德的行為，讓人們背負起難以承受的壓力重擔。唯有具備完全接納當前處境的能力，才能讓你解脫多年來緊繃束縛的枷鎖，重新感受活著的快樂，並由此為起點，邁向勝利。

布萊爾是我的一名客戶，他最怕別人在開會前問他：「你準備好了嗎？」一聽到這句話他就會非常緊張，擔心自己做得太少、準備得不夠充足。與我多次面談後，布萊爾終於意識到：既然自己已經盡全力去準備，這也是目前所能做到最好的水準，那又有什麼好擔心呢？光是接納這一點，就足以讓他重獲自由。從此以後，每當有人問：「你準備好了嗎？」，布萊爾都會回答：「我已經盡力做好準備。」他變得更放鬆、更開放，不僅擁有更好的心情，也開始有更好的表現。值得再次強調的是：接納並非放棄改變。布萊爾不正是最好例證嗎？他既發生改變，也獲得進步。所謂接納，就是你接受自己現在在這裡，而你想去的地方在那裡，讓你可以邁開步伐，繼續踏實朝目的地前進。這就是達成目標的關鍵所在。

最後，讓我們回頭看看運動員莎拉的情況。經過幾個月的治療，在我寫下這段文字的此刻，她已經好轉不少。雖然尚未完全痊癒，但重點是她不斷在進步。她對我說：「『接納』已經成為我現在人生的常態。我開始明白並非每一天都能完美，我也慢慢學著接受這個現實。重點是要謙卑，時時檢視自己現在的不足。當我接納自己當下的痛苦、缺陷與失敗，然後繼續朝著人生目標前進，就能體會到一種深刻的自由。」

和我們所有人一樣，莎拉仍有許多屬於自己的難題。但她變得比過去更堅強，不再否認眼前難題，而是願意坦然接受，將它們視為人生的一部分，甚至是世界級運動員生涯的一部分。當她完全接納自身處境，終於找到邁向踏實人生的基礎。大多數鐵人三項運動員會在四十歲左右退役，所以她的下一個重大考驗，是要告別運動員生涯，展開下一階段的人生。她目前正在修讀研究所先修課程，打算攻讀臨床心理學學位。她在寫給我的信上說道：「生命帶領我們踏上一段又一段意想不到的旅程，這是多麼美好與神奇的事！」

練習❶ 培養「聰明觀察」的觀點

與其過於深陷目前的遭遇，還不如退後一步，從遠處觀察你的現狀。如此一來，你與你的現狀之間就會隔著一段距離，幫助你更能接納現狀、看清現狀。我們可以藉由日常生活的練習，培養聰明觀察的觀點。首先，就從以下的練習開始做起。

- 以舒服的姿勢坐下或躺下。設定計時器，計時五至二十分鐘。閉上雙眼，專注在你的呼吸。你可以將注意力集中在空氣進出你的鼻孔、你的肚子起伏，或是你能感覺到其他身體部位的感覺。注意力若是偏離你的呼吸，只要注意到這種情況，將注意力帶回你的呼吸即可，不必苛責自己分心。
- 也許過了一兩分鐘之後，你就會開始適應，有時候或許你需要更久的時間。想像自己是一股生命力，獨立於你的思想、感覺、處境之外。想像你自己就是意識，是一塊畫布，呈現所有的思想、感覺、處境，是包含一切的容器。你也可以將意識想像成藍色的天空，將浮現的任何東西想像成飄過天空的雲。

● 從這個意識的角度，觀察你的思想、感覺與處境。一開始可能會覺得你在看電影，而不是置身其中。若你分心，或是陷在你的處境，只要注意到這種現象就好，不必責怪自己，再將注意力拉回到呼吸流經全身的感覺。等到你的意識已經牢牢固定在呼吸，就回到從遠處觀察你的思想與感覺。

● 將這個意識當成一種容器，裝載你正在搏鬥的東西。從這個空間，你可以看清狀況、接受狀況，進而做出較為明智的決策。採取這種觀點所造成的結果，類似量子物理學的「觀察者效應」(observer effect)：你改變你與觀察對象之間的關係，觀察對象的本質就會改變。在這個例子中，難題就能從永久且無法克服，變成暫時且可以處理。

● 繼續練習。也許你會注意到，當思想、感覺、衝動或情況愈是強烈，你的意識就愈難與這些保持距離。但只要一點點的距離，就能產生實質的效果。你練習得愈多，就能創造出愈多的距離，遇到困難時拉開距離的速度也就愈快。

當你透過正式練習，練就聰明觀察的觀點，就愈能應用於日常生活。冥想大師蜜雪兒・麥當諾（Michele McDonald）發明一種很實用的方法，共有四個步驟，稱為RAIN[18]。當你發覺自己抗拒一種經驗或情況，不妨先暫停下來，呼吸個幾次，同時：

1. **自我認知**（Recognize）：認清眼前的情況。
2. **自我接納**（Allow）：接納目前的生活。
3. **自我探索**（Investigate）：以寬厚、好奇的態度，探索內在體驗。
4. **拋棄自我框架**（Non-identification）：不被過去經驗所束縛，而是從更宏觀的角度觀察當前體驗。

你從更宏觀的角度接受你的現況，予以評估，就更能妥善處理你的現況。研究也證明，所有的事情都是如此，從身體的疼痛[19]到情緒痛苦[20]，從社交焦慮[21]到困難的決策[22]。你與經驗之間的距離愈遠愈好。

另外一個快速進入聰明觀察視野的方法，是使用學者所謂的「**自我抽離**」（self-distancing）。

想像一下，有個朋友正遇到跟你一樣的情況，你會如何看待這位朋友？會給他什麼樣的建議？加州柏克萊大學的研究顯示，運用這種方法，會更容易接受自身的狀況，更能看清狀況，也能採取更明智的行動，尤其是在風險很高的時候。[23]

你也可以試著想像一個年紀更大、更睿智的自己，也許是十年、二十年，或三十年之後的你。未來的你會給現在的你什麼樣的建議？現在的你能否依循這些建議？

當我們將自己與所遭遇的處境之間的距離拉開，就更能接受此刻真實的處境，也更能有效管理目前的處境。於是面對難題時，你不再否認、抗拒，但也不會與難題合而為一。無論面臨時刻變動的世界，都無法撼動你心中穩固的踏實感。

練習❷ 以善待自己取代批判自己

認清、接納自身的處境並不容易，處理與解決問題則更為困難，尤其是你對於自身處境不甚滿意的時候。這時，我們就該善待自己。善待自己就是在「接受當前的現實」以及「採取睿智行動」之間搭起一座橋梁。你內心批判的聲音若是太大，你可能就會原地踏步，甚至卻步或退步。你必須懂得善待自己。若你不習慣善待自己，而是覺得這樣做太軟弱、太荒謬，那麼我建議你不妨檢視一下自己先入為主的觀念。

許多研究都證實，以善待自己的方式回應難題的人，會比批判或苛責自己的人獲得更好的成果。道理很簡單：你批評自己，就會感到羞恥、內疚，往往就是這種羞恥、內疚，將你困在不理想的狀況，害得你無法採取有效的行動。若你能善待自己，就會獲得實質進步的力量。[24]無論你是喜歡迪士尼童話的八歲孩子、三十歲的職業足球員，還是剛退休不久的六十五歲人士，都能受惠於善待自己的力量。

要做到善待自己並不容易，尤其當你是個性積極、慣於嚴以律己的A型人格。不妨想像自己在進行一場長期練習，要練習相信自己有值得肯定的地方。這並不是要你拋棄自律，而是要將自律與善待自己兩相結合，就能以更大的力量、更清晰的思路來面對當前的處境。如此一來，你也會成為他人堅強的依靠。正如斯多噶主義哲學家塞內卡（Seneca）寫道：「我有哪些進步？我漸漸成為自己的朋友。這確實是進步。像我這樣的人永遠不會孤單，而且會是所有人的朋友。」[25]

- **不要再斥責自己**。別再對自己說「**我不該落到這種地步**」，而是說「**我希望我不是在這種處境**」。別再對自己說「**我該換個方式做這件事**」，而是說「**我想換個方式做這件事**」。語言能創造現實，這些細微的改變，能消除內疚、羞恥與批判。如果你發現又在斥責自己，試試換一種說法，看看結果如何。
- **把自己當成哭泣的嬰兒**。只要抱過哭泣的嬰兒，就會知道對著哭泣的嬰兒吼叫，問題只會更糟。遇到哭泣的嬰兒，可以用兩種巧妙的方式處理：一、抱在懷裡，給予關愛；或是，二、讓嬰兒哭個痛快。干預很少會奏效。你頂多只能提供安全的環境，讓嬰兒哭到累。我們最好也這樣對待自己。

我們一旦搞砸了，通常會責怪自己失敗，批評自己落後。但這種反應往往只會讓事情更糟。真正有效的方法，是克制怒斥自己的衝動，先好好的關心自己的狀態。如果這樣做沒用，就必須脫離眼前的狀況，給自己「哭個痛快」的空間。

- 「**這是現在的狀況。我正在盡全力。**」這是我最喜歡的自我對話。當我們遇到困難，發覺自己射出第二支、第三支、第四支箭時，只要停下來，默默或是輕聲對自己說：「**這是現在的狀況，我正在盡全力。**」研究顯示，諸如此類箴言能緩和負面的批評，將你拉回當下，你就能採取有效的行動，而不是抗拒或反芻思考（rumination）。[26]

我初為人父時，就經常應用這句自我對話度過難關。當時我的寶寶一個晚上吵醒我很多次，我發現我陷入負面思考：「**真的沒辦法，我根本沒辦法睡。明天我可慘了。我根本不可能再躺下去睡覺。也許我們不該生孩子。**」

後來我將這段負面的自我對話，改為堅定但溫和的話語：「**這是現在的狀況，我正在盡全力。**」這段話將我拉回當下此刻，讓我能接受真實的狀況，採取有效的行動。所謂有效的行動，通常只不過是幫孩子換尿布，自己再躺回去睡覺而已。害我睡不著覺、讓我感到煩惱的並不是我家哭泣的寶寶，而是我對自己說的話，也就是我向自己射出的第二支、第三支、第四支箭。這個方法不僅可以運用在親職教養上，也能用來解決許多問題。

練習❸　先有行動，後有心情

你不可能永遠控制你的處境，但你能控制要如何回應。常識告訴我們，激勵能引發行動：你的心情愈好，狀況愈有利，你就愈能採取有效的行動。有時候確實是這樣沒錯，但事實往往正好相反。並不是一定要心情好，才能行動。而是要先行動，才有可能心情好。

除了接受與承諾治療之外，包括認知行為治療（CBT）以及辯證式行為治療（DBT）在內的實證臨床療法，都相當重視行為。這是因為控制自己的思想、感覺與外在狀況是非常困難的，幾乎可以說不可能。長年進行的心理學研究發現，你愈是刻意想擁有某種思想或感覺，就愈無法擁有這種思想或感覺。[27]你不能用意志力，硬是逼迫自己進入某種心境。而且正如本章反覆提及的，你不能用意志力強迫自己進入新的現實。但你能控制自己的行為，也就是你的行動。

無論你的感覺如何，只要你的行動符合你的價值觀，往往就能改善你的狀況。這在科學文獻的術語是「**行為活化**」（behavioral activation）。若要換成通俗的講法，借用我從Podcast主持人里奇．羅爾（Rich Roll）首度聽到的說法，叫做「先有行動，後有心情」。

這個觀念正好呼應ACT的C與T：要**選擇**你的反應，而不是衝動反應，以及採取有效行動。首先要了解你的核心價值觀，也就是代表你最好的自我，或是你想成為的人的基本原則，例如：真實、健康、社會、靈性、臨在、愛、家庭、操守、關係以及創造力。建議你花些時間思考，並列出三至五種你的核心價值觀。

確認你的核心價值觀之後，這些核心價值觀就會成為你的行動指導原則。舉個例子，如果你的核心價值觀是創造力、家庭，以及忠於自我，你可以問你自己：一個有創造力的人，在這種情況會怎麼做？一個重視家庭的人會怎麼做？最忠於自我的行為是什麼？這些問題的答案會指引你的行動。一開始你可能會覺得，這像是在強迫自己行動。沒關係，做就是了。行為活化與ACT的相關研究都證實，只要付諸行動，你的狀況就會改善。練習的步驟如下：

- 接納當前的狀況。在達到目標的過程中，這往往是最困難的環節。
- 以聰明觀察的觀點，看清你所處的狀況，不要掉進狀況裡面。如果你的狀況，以及你所意識到的狀況開始混雜，就先暫停，先了解目前的情況，深呼吸幾次，再重新拉開自己與狀況之間的距離。
- 發現自己開始苛責自己或你所處的狀況，或是漸漸陷入反芻思考，就開始練習善待自己的自我對話：「**這是現在的狀況，我正在盡全力。**」
- 覺得自己能接納、看清眼前的狀況，就選擇一種符合你的核心價值觀的回應方式。這是有意識的選擇，是回應，而不是衝動之下的反應。從許多角度來看，這就是智慧的體現。

- 盡量按照你的價值觀行事。記得：**先有行動，後有心情**。

當然，上述方法說起來都比做起來容易得多。但相信我，只要重複多做幾次練習，就會漸漸習慣成自然。

練習❹ 放鬆就能取勝

若是對於人生中的大事感到緊張、焦慮，或產生不安全感，不妨先暫停，記得你已經盡力做好準備。深呼吸一兩次，想像一切都很好。我跟諮商客戶進行這項練習，不少客戶表示他們的胸部感覺較為開闊，呼吸變慢，肩膀也放鬆了。請問問自己：哪一種身體狀態更能達到頂尖表現？是緊張焦慮，還是放鬆開闊？

我的客戶一致表示，他們比較喜歡放鬆開闊的狀態。

布朗大學神經科學家、《鬆綁你的焦慮習慣》（*Unwinding Anxiety*）一書的作者賈森・布魯爾（Judson Brewer）發現，我們若是不再擔憂，不再想控制一種狀況，而改為接納現況，與之和平共處，大腦的後扣帶皮層（PCC）的活動就會減少。後扣帶皮層是與自我參照的思考有關的大腦區塊。所謂自我參照的思考，意思是陷入自己的過去經驗。後扣帶皮層愈活躍，我們就愈不可能進入高效能的心流狀態（flow state）。

布魯爾寫道：「可以說我們若想控制一種情況（或是我們的人生），我們必須努力**做**，才能得到想要的結果。但我們也能放鬆，進入一種比較像是與這個東西共舞的態度，純粹是與不斷演進的狀況**共存**，不需努力，也不需奮鬥，就能達到目的。」[28]

全球頂尖的田徑教練巴德・溫特（Bud Winter）曾有一句名言：「放鬆就能取勝。」[29]直覺上來說，這句話確實有道理。為某個問題憂心忡忡，或是完全否認問題存在，並不能改變現實，卻會浪費自己不少精力。眼前的狀況就是現實的狀況。與其憂慮，還不如接受，因為你已經盡力做好準備。

關於接納的最後一點想法

所謂接納，就是與現實共處，無論是什麼樣的現實。與現實共處，就能減輕因為希望改變現實，改變不了又責怪自己所造成的痛苦，也能擺脫你的期待與經驗之間的差距，還能消除第二支、第三支、第四支箭。也唯有接納現實，才會知道下一步該怎麼做，也才能擁有平靜、力量與穩定。

接納並不是什麼也不做，而是冷靜思考眼前的情況，才能處理得高明。想在當下擁有滿足與快樂，就必須學會接納，這也是在未來有所進展的第一步。接納可以運用在人生各層面的目標。無論你的目標是大是小、是宏觀還是微觀，接納都是一門終身的必修課。你接納自己的現實，也會覺得自己在這個現實當中更為踏實。你會穩穩的站在當下這一刻，就能大大提升你實現夢想的可能。

第 三 章

原則 2

臨在

專注當下，才能重新掌握你的注意力與精力

西方社會崇尚追求更多、更多、再多的個人英雄主義，同時也積極提倡高人一籌的精英心態，致力於將效能最佳化奉為圭臬。我們盛讚人工智慧，歌頌生產力，將一切量化，每天你走了多少步，睡了幾小時，統統都能用量化數字做分析。在本章中，我會用一些數據告訴你，我們為了不斷求進步，一再要求自己做得更多，而且還要求自己愈做愈快。

這是一種相當合理的願望。然而，個人英雄主義將可量化成就視為唯一標準的背後，有個很大的問題：我們並非機器。電腦和機器人可以同時處理許多訊息，不僅永遠不會疲倦，也不具有會占用注意力、豐富多元的情緒生活。而人類卻非如此，我們不停鞭策自己做一大堆事情、安排時間四處遊歷，卻總覺得自己彷彿什麼都沒能完整體驗。如果我們一不小心沒有掌控自己的注意力，從一件事物分心跳過另一件事物，就覺得人生彷彿逐漸失控。

這不是一個隨時代演進而誕生的新難題。早在幾千年前，斯多噶主義哲學家塞內卡就提醒人們，別陷入「無事空忙」（busy idleness）的惡性循環。他說：「那麼多人終日奔忙……看起來總是忙碌得很（其實什麼也沒做）。」[1]

如果說過度忙碌、注意力過於分散是個從古到今始終存在的問題，那麼此刻我們再度正視這個問題，可說是來得正是時候。如今，我們生活在一個重視速度、量化、一刻也不得閒的數位時代。科技讓我們得以無時無刻在線上，社交軟體的設計確實也在鼓勵我們這樣做，至於消費市場上，也無所不用其極推出各種攫取並控制人們注意力的產品與服務。

許多人在個人英雄主義的驅使之下，以犧牲深度注意力為代價，一心只求以更快的速度完成更多事，結果卻是徒勞無功。一個常見的例子是多工作業（multitasking），無論是身體上或心理上的多工，我們以為做得很多，其實根本不然。一項研究結果可能會出乎你的意外，密西根大學（University of Michigan）的研究團隊指出，當我們進行多工作業時，並不能同時做或同時思考兩件事情。我們的大腦會不斷在各種作業之間切換，還必須不時分配注意力與完成作業。換句話說，大腦無法在同一時間進行兩種需要用上認知能力的活動。研究團隊發現，我們以為多工作業能讓生產力倍增，但其實只能完成大約一半的作業，而且還會降低作業品質與工作的愉快程度。[2]

倫敦國王學院（King's College London）進行的研究則發現，持續出現的干擾（如多工作業）會導致人們的智商下降十分，這種影響是使用大麻的兩倍，相當於熬夜一整晚。[3]事實擺在眼前，當我們對自己說：多工作業太美妙了，我的生產力超高，工作成效可達最佳化，還能完成好多事情！但其實並非如此。

注意力分散不僅會影響我們的表現，也會連帶讓情緒受到影響。如果經常受到干擾、總是忙個沒完沒了，會嚴重影響我們的心理健康。哈佛大學的研究團隊發現，比起邊做事邊想別的事情，完全專注在自己做的事情上時，我們會更快樂也更滿足；相反的，注意力愈是分散，我們愈容易覺得憂慮與不滿。研究團隊寫道：「忙亂的大腦，是不快樂的大腦。」[4]舉例來說，當我們使用電腦視訊聊天，如果同時執行其他程式（或是經常分心去看電子郵件、新聞或社群媒體），很快就會覺得用視訊聊天很沉悶、很累人。這就是所謂的「**視訊疲勞**」（zoom fatigue）現象，也許正是因為忙亂的大腦不快樂。

最令人感到驚恐的是，一般人一生中竟有那麼多時間，是在注意力分散的情況下度過，更可怕的是，它逐漸成為我們的預設運作模式。研究證實，在一般人清醒的時間當中，平均有四七%的時間是在思考眼前所從事以外的其他事情。看來，我們向來以為非得要時時謀畫盤算，反省過去，思考未來，否則就會有所疏漏，落於人後。但也許事實正好相反。我們要是一天到晚謀畫盤算，反省過去，思考未來，反而會錯過一切。

踏實的第二項原則是臨在。

臨在，是指全心全意專注於眼前事物，當大腦集中注意力，能為我們帶來力量與穩定。刻意養成臨在的習慣，將會大為提升你的職業生涯與生活品質。不過在我們深入探討臨在的益處之前，得先花點時間討論妨礙臨在的因素。畢竟生活在這個時代，要做到臨在，實在愈來愈不容易。正因如此，唯有徹底了解原因，才能真正掃除障礙。

沉溺於分心

3C產品是讓我們經常處於分心狀態的元凶。根據英國通訊傳播主管機關所進行的研究發現，一般人每隔十二分鐘就會查看手機一次，這還不包括有查看手機的欲望，卻沒有付諸行動的次數。[5]其他研究則顯示，七一%的人從來不曾關手機，四〇%的人睡醒不到五分鐘就會看手機。[6]值得注意的是，我們並不是只有在查看手機時才會分散注意力，而是因為我們經常查看手機，導致養成分心的習慣。這等於是在訓練大腦經常處於高度警覺的狀態，總是想著別的地方發生什麼事，激發一種想不斷查看的衝動。在人類演化初期，這種行為確實是一種優勢，例如能讓我們避開天敵，發現獵物。但在二十一世紀，這樣的行為模式卻不一定能為我們帶來健康、快樂、成功的人生。

我們來看一個有關運動員的例子。史都華．麥克米倫（Stuart McMillan）曾經指導過超過三十五位榮獲奧運獎牌的田徑運動員，過去二十年以來，他都沉浸在高效能文化之中。然而，他現在所面臨的最大挑戰，已經不只是處理運動員大腿後肌受傷或身陷表現焦慮（performance anxiety），還包括手機所造成的分心。他說：「對我們來說，是手機害我們不能專心生活；但對於我指導的某些運動員來說，則是生活害我們不能專心使用手機，即使是在那該死的奧運賽事期間也不例外。」

研究行動裝置的紐約大學行為科學家亞當・奧特（Adam Alter），在《欲罷不能：科技如何讓我們上癮？》（*Irresistible*）提到，許多人（包括麥克米倫指導的運動員在內）之所以無法放下手機及登出電子郵件，主要原因是我們認為不停收到通知，無論是按讚、轉推、評論、電子郵件或簡訊，都傳達「我們存在，而且我們很重要」的訊息，可以證明我們在這個世界占有重要地位。[7]即使那些只是非常膚淺的訊息，對許多人來說仍然是強烈的酬賞。想像一下，拿起手機，接收最新訊息，就像使用一台存在主義自動販賣機，難怪這麼多人會上癮，而且欲罷不能。

我們希望讓人覺得自己很重要這件事，「注意力經濟」（attention-economy）商人也注意到了，他們甚至試圖操弄我們與生俱來的神經系統。打開手機應用程式，從網路資訊、新聞、社群媒體上聳動的標題，到誘人的背景音樂，再到螢幕裡繽紛的色彩（你會發現有許多是紅色的，專家認為那是最具情緒性的顏色），注意那些**看似**重要或有趣的東西，都是經過刻意設計來引發我們與生俱來的衝動。[8]無論是在電視、網路，還是手機應用程式，新聞呈現的方式往往引發大腦釋放多巴胺（dopamine），那是一種強而有力的神經化學物質，能將我們的經驗標記為「有意義」，我們就會想一而再、再而三的體驗。

位在安大略（Ontario）卡爾頓大學（Carleton University）的認知科學教授吉姆．戴維斯（Jim Davies），在《吸睛的科學》（*Riveted*）中寫道：「我們在大量多巴胺的影響下，會覺得眼前的所有資訊看起來都相當重要……所以無論新聞內容的重要性高低，訴諸恐懼才能大賣。新聞報導不會強調那些習以為常、一成不變的事件，而是不斷企圖生產一些能夠引起我們注意的異常現象。」[9]

一九五一年，哲學家艾倫．沃茨（Alan Watts）在《不安的智慧》（*The Wisdom of Insecurity*）中寫道：

> 這種我們稱之為高生活標準的毒品，是一種猛烈而複雜的感官刺激，讓我們愈來愈不敏感，因此需要更猛烈的刺激。我們渴望分心，渴望接連出現的各種影像、聲音、刺激、挑逗，並期待能在最短的時間內，塞進愈多內容愈好。[10]

這種癮頭並不新奇。只是當今的「毒品」，效果遠比以往更普及且強大。

更少糖果，更多營養

在當今社會中，網路上無所不在的通知、快訊，以及讓我們分心的各項事物就像糖果。我們想吃糖果，也覺得糖果好吃，但吃進去的全都是沒營養的熱量，連吃也吃不飽。而且糖果吃多了，有時甚至還會覺得噁心。至今我沒看過哪一則轉推、按讚、老闆晚上九點傳來的訊息、Instagram貼文或是新聞快報，會比專注在我們最在乎的人、事、物，來得更有意義且令人快樂。

一行禪師在《正念生活的藝術》（*The Art of Living*）一書寫道：「很多人習慣拿起手機、坐在電腦前，沉浸在另一個世界。我們這樣做是為了生存。但我們要的不只是生存，而是生活。」[11]我非常贊同這段話。我們為了追求效能最佳化，為了追逐錯誤的目標，把這一生過得汲汲營營：我們忙得團團轉、不停接收資訊、鞏固自己在數位世界的地位。我們明明什麼也沒做，至少沒做什麼真正有價值的事情，卻覺得自己完成好多事。難怪不斷分心總會讓人覺得不滿足，就像吃了一堆糖果，不會讓人感到飽足，只會得到短暫的快感，接下來還會感覺身體不適、心生後悔。

追求最佳化的行動本身並非壞事，但問題出在我們追求最佳化的方式並不正確。《韋氏字典》（*Merriam-Webster's dictionary*）對於**最佳化**的定義是「盡可能做到完美、有效或有用」。最佳化的英文字是optimize，源自拉丁文optimus，就是「最佳」的意思。然而，如果我們追求的目標是最佳化，就不應該只為了做更多而做，而應該全心專注於對我們來說最重要的人、事、物。我們很快就會發現，唯有以正確的方式追求最佳化，才會擁有最好的個人狀態與最佳表現；唯有認為自己做的事情具有價值，做的事才會創造出價值。

追求最佳化的理想方式

艾德．巴提斯塔（Ed Batista）在赫赫有名的史丹福商學研究所（Stanford Graduate School of Business，簡稱ＧＳＢ）擔任講師，他同時也是多位矽谷管理高層的顧問。他開設的「自我教練的藝術」課程，是史丹福商學研究所最受歡迎的課程之一，特色是著重人性，而不只是著重在管理技巧。巴提斯塔經常強調臨在與主宰注意力的重要性，他更強調必須將上述兩者落實在生活之中。他認為首先必須要客觀的權衡利弊。他說：「我們常常思考可能獲得的價值，卻很少想到要付出的代價。」換句話說，我們必須牢記，每當我們對某樣東西說「要」的時候，就意味著對另一樣東西說「不」。

巴提斯塔的提醒不僅適用於會議決策或執行專案，也適用於你每天做的各種小型決策。舉例來說，當你不時查看手機，就可能犧牲發想創意的機會；當你分心回覆電子郵件，就可能打斷重要的工作進程；當你沉溺於過去發生的事或不斷思考未來可能發生的事，就無法與眼前的人或工作保持緊密連結。巴提斯塔說：「注意力是一種有限的資源。而會吸光注意力的吸血鬼，則不時潛伏在四面八方，渴望把我們的生命全部吸乾。」

巴提斯塔極力主張將環境刻意設計成能夠維持我們的注意力。他說：「當外部環境安排妥當，內部大腦運作起來就會容易得多。」如何妥善安排外部環境呢？我們可以試著把手機關掉，放在另一個房間，或是關閉網路瀏覽器與電子郵件信箱。根據研究顯示，這些會讓我們分心的東西僅僅是被我們看見，就算沒有去使用它們，臨在的品質也會下降。[12]研究人員研判，有兩種原因導致這種現象：一、要克制自己不去查看行動裝置，就得耗費不少心智能量；二、行動裝置能讓我們看見世界上發生的其他事情，這個想法本身就很讓人分心。就算你把手機正面朝下，開啟靜音模式放在那裡，也很難不去想像這世界究竟發生什麼事。如果手機在你的視線範圍之內，你的臨在與注意力恐怕只會更為下降✦。

巴提斯塔提倡並親身實踐的另一個概念，是建立穩固的界線。當他遇到自己不感興趣或是會讓他覺得分心、忙不過來的人事物時，會馬上毫不猶豫的拒絕。他說：「如果發現自己陷入無法控制注意力的狀況時，就該問自己：**我幹嘛要在這裡？**我的意思並不是說，我們看見什麼就應該要陷入專注、著迷的狀態，但如果你開始覺得無聊、分心，也許就代表你根本不該把時間、注意力、精力花在這個人或這件事上。」

巴提斯塔的主張，讓人想起斯多噶主義哲學家塞內卡在大約西元四九年完成的著作《論生命之短暫》（*On the Shortness of Life*）。書中寫道：「其實我們的生命並不短暫，只是我們浪費不少生命……世人大多緊緊看守著個人財產，但對於真正該把握的時間，卻最為揮霍。」[13]

包含塞內卡在內的斯多噶主義者主張，只要知道該如何度過人生，我們就會發現，其實生命比我們想像得還長。當我們懂得善用自己的時間、精力以及注意力，專注在有意義的人、事、時、地、物上，我們更能擁有一個快樂、有意義的人生。

擁有喜樂：當尖端科技遇到古代智慧

當我們完全專注在眼前的事物，會更容易進入**心流**（flow）狀態。在這種狀態下，我

✦ 關於這個主題，詳見我與史提夫．馬格尼斯合著的《一流的人如何保持顛峰》。

們會全神貫注在某件事情上，無論是跑步、性愛、繪畫、寫程式、解決數學證明題、參與深刻的對話、冥想、衝浪等等。處在心流狀態時，會改變我們對於時間與空間的感受，產生一種忘我的狀態，也就是進入俗稱的「心流區」（the zone）。幾十年來的心理學研究證實，一旦人們進入心流狀態，更容易產生最佳的表現、高度的喜悅與正向的感受。想要進入心流狀態有個重要的先決條件，就是必須去除會讓你分心的東西，我們才能全神貫注在眼前的事物上。[14]

心流的另一個共同特徵，是自我意識的消融。當你暫時忘卻自我，你與自身經驗合而為一，這時主體與客體、你與你所從事的活動之間的界線就此消失。雖然科學家在近幾十年才指出心流的重要性，但幾千年來，世界各大傳統智慧早已點明這點。

從佛教教義來看，修行之道的終極目標就是「涅槃」，也就是消融自我而與宇宙萬物相結合，創造無限寬廣的永恆連結。道家的核心思想是「道」，是一種強調消解二元對立、主體與客體彼此融合的概念，以陰與陽相互消長調和為代表。斯多噶主義者認為，全神貫注在工作或對話上，就能得到長久的滿足。[15]古希臘人特別重視的「美德」（arête），就是指全心專注在個人專業所能成就的卓越表現，他們相信一個人若能達到美德的境界，就是自身潛力的完全展現，自然能為社會帶來獨特的貢獻。上述傳統思想雖然源自不同的地方，卻傳達出相同的明確訊息：完全專注於當下，就能展現顛峰狀態。

哈佛大學心理學家馬修．克林斯渥茲（Matthew Killingsworth）與丹尼爾．吉爾伯特（Daniel Gilbert）曾開發一款iPhone應用程式，來深入了解人們當下的臨在程度與情緒狀態之間的關聯。這個應用程式會隨機拋出問題，讓參與實驗共超過兩千兩百五十位志願者填答，這些問題包括：「你現在感覺如何？」、「你現在正在做什麼？」以及，「你是否專注於現在做的事情，還是在思考別的事情？」

研究發現，臨在的品質會影響生活的品質。克林斯渥茲說：「相較於我們參與的活動，我們的大腦脫離當下的頻率[16]，以及轉而注意的對象，更能預測我們的快樂程度。」我們愈能專注於當下，我們就愈能感到快樂。克林斯渥茲與吉爾伯特也發現，他們的研究結果與古代傳統智慧提倡的原則相同。他們在《科學》（*Science*）期刊寫道：「許多哲學與宗教傳統告訴我們，活在當下就會快樂。」[17]他們的研究結果的確證實，這些古代智慧所言不虛。

在另一項同樣由哈佛大學進行的成人發展研究，則為我們提供擁有成功、愉快人生的祕訣。在這個縱貫性研究中，研究團隊以一九三〇與一九四〇年代成長於波士頓的七百多人為研究對象，詳盡調查他們從十幾、二十歲，一直到八十、九十歲的身體與情緒健康狀態。研究結果符合我們一般對於成功人生的預期：別喝太多酒、別抽煙、常運動、營養均衡、保持理想體重、終身學習。

其中，主持格蘭特研究（Grant Study）超過三十年的精神科醫師、臨床治療師喬治・范蘭（George Vaillant）表示，想擁有健康長壽的人生，最重要的關鍵是愛。范蘭寫道：「這項費時七十五年，耗資兩千萬美元的研究，得到一個很簡短、很明確的結論：快樂等於愛。」[18]

無論是為一個人付出愛，為一種追求貢獻愛，或是對於生命本身的愛，如果臨在不是愛，如果徹底的關注與關懷不是愛，那什麼才是愛？

還有另外一種說法是這樣的，當我們全心專注在當下，就會進入一個神聖的空間：一個被哲學家與合氣道大師喬治・倫納德（George Leonard）稱為「上帝居住」（God lives）的地方。[19]也許，這也是愛居住的地方。說不定上帝、愛、涅槃、道、美德、心流，指的都是同樣的東西。

人生就是當下

二〇〇八年，二十歲的麥克・波斯納（Mike Posner）是就讀於杜克大學（Duke

University）的大學生。那年他在宿舍寢室寫了一首名為〈比我還酷〉（Cooler Than Me）的歌，曲風相當特別，是一首融合流行樂與電子樂的音樂，在當時還算是創舉，這首歌也深受他家鄉底特律幾家廣播電台的喜愛。我之所以知道，是因為這首歌剛推出時，我就住在底特律周邊區域。每當我開車、去理髮店、上健身房、上館子，無時無刻都會聽到這首歌。後來，這首歌很快就紅到底特律之外的其他城市，並在二〇一〇年五月登上告示牌百大單曲榜（Billboard Hot 100）第二名。[20]

據波斯納自己說，他從小「不跟任何人說話，只會打拍子」[21]，他父母為此憂心忡忡。沒想到，後來的他竟然一舉成名。他在二〇一六年推出第二張專輯《獨自一人的夜晚》（At Night, Alone），其中收錄膾炙人口的〈我在伊比薩島吞下藥丸〉（I Took a Pill in Ibiza）。這首歌反映明星生涯的高潮與低潮，以及不時襲來的空虛感。當時，波斯納以為簽下專輯合約、成為知名音樂人，自己就會快樂，但後來他才發現自己錯了。隨著名氣而來的，是金錢、性、毒品，還有無數大型表演，超級巨星根本不是一般人眼中的風光亮麗。

直到二〇一九年，波斯納才推出下一張專輯《真正的好孩子》（A Real Good Kid）。對波斯納來說，這幾年陸續發生很多事：波斯納的好友，也就是藝名艾維奇（Avicii）的電子舞曲大師提姆．貝里林（Tim Bergling）自殺身亡；波斯納與女友分手；他的父親，同時也是他在世上最好的知己，也在七十三歲那年不敵急速惡化的腦癌而離世。

波斯納過往幾張專輯的基調都很歡快，《真正的好孩子》則是他誠實面對這段時間自己的黑暗過往。他說自己是透過創作的方式，來消化內心的巨大悲傷。整張專輯流露著脆弱與傷痛，在某些樂曲段落，你會聽見波斯納大叫、痛哭以展現內心的痛苦。我還記得初次聽這張專輯時，內心受到的強烈衝擊。波斯納試圖把自己的存在，那些痛苦、苦難、質疑、療癒、喜悅傳達出來，種種元素全都穿透耳機，直達我的心靈深處。我彷彿跟著他一同置身在喬治．倫納德所說的神聖空間。

《真正的好孩子》專輯開場是一段時約一分鐘的口白，波斯納呼籲聽眾：「這張專輯全長四十分鐘，適合一次從頭聽到尾。聽的時候不要傳簡訊，不要使用電子郵件，不要有任何外在干擾。如果現在你無法確定這四十分鐘能心無旁鶩，請你先暫停聆聽，等準備好了再回來。」這段話不是平白無故出現的。

這張專輯發行大約一年後，我與波斯納見面。他對我說，事實上，當這張專輯剛推出時，他的心情非常低落。他不想面對沒完沒了的宣傳活動、經歷巡迴演出的高潮與低潮，以及身為流行樂巨星必須維持的表面形象。他滿心想的仍然是關於「失去」的議題。他打從內心深處相信，誰知道哪天他也會死。他說：「所以我告訴自己，管他的，我要徒步橫越美國。這是我多年來的夢想，我不想再等下去。我不知道我還能活多久，所以我現在就決心要做。」

因此，即使冒著唱片公司可能會不開心的風險，他也不在乎。他就是不要參加巡迴表演。他就是不要上節目宣傳專輯。他想要徒步橫越美國，逃離一切雜音。他想找到一個啟示。他想熄滅一再追求不朽成就的欲望。

二〇一九年四月十五日，波斯納從紐澤西州阿斯伯里帕克（Asbury Park）出發，開始徒步橫越美國。六個月之後，也就是十月十八日星期五，他在加州威尼斯海灘（Venice Beach）走完全程。這趟約四千五百公里的長途跋涉，是一趟超乎他原本想像的壯遊。他在科羅拉多州東部被一隻響尾蛇咬到腳踝，差點就要喪命。他被緊急空運到醫院，在加護病房住了五天，又進行幾個星期的復健。但他還是鐵了心要走完全程。因此，等他有力氣能走路了，又回到被蛇咬的地方，繼續往前走。他對我說，比起身體經受的考驗，影響他最大的，其實是過程中經歷的情緒起伏。他說：「我去了從來沒聽說過的地方。我學會專注面對一路上的高低潮，順利度過每一關，甚至學會堅強。」

一路上，他在經過的幾個地方舉行小型不插電快閃表演。他對我說，這幾場表演喚起他剛開始玩音樂時的快樂：無論是對於他的歌曲、對於聽眾，他能感受到深層的連結、深刻的專注。他說：「當我感受到的愛愈多，就愈不在意那些干擾與雜音、網路上的按讚或詆毀……真的，一切都不重要。人生的速度慢了下來。這是長久以來，我第一次覺得踏實。這種感覺很美。」波斯納也開始反省到，過去他對於快樂與成就的想法並不正確。他說：

我以前覺得成功就像是把球送進球門，但其實並非如此。生活中可沒有什麼球門，只有每天做的決策：我想怎麼過日子？我要把精力和注意力用在哪裡？我要專注在哪些事情上？若你願意誠實回答這些問題，就會找到屬於你的快樂。

波斯納完成橫越美國之行不久，他在YouTube上傳一部影片。背景音樂是他那首〈我死以前要好好活著〉（Live Before I Die）。在影片的一半，螢幕上出現一行粗體大寫的大字「**人生就是當下**」。[22]也許波斯納的這一趟旅程帶給他最大的啟示，也是帶給我們的重要啟示，就是這句簡單扼要的話。

所謂踏實，就是要活在當下，為此時此刻的自己而活。波斯納的旅程顯然遠離了日常生活，但你在教養、創作、運動等諸多日常生活之中，也可以創造出類似的旅程。當你專注於為此時此刻的自己而活，就能親身感受踏實與專注所能產生的強大力量，並且領悟到，波斯納與你的旅程雖然看似截然不同，實際上卻有著相同的本質。很多人往往很在意生命的長度，但也許更重要的是生命的臨在與品質。

別管「生產力」了！該思考的是「生產性活動」

波斯納在展開橫越美國之行時屢次表示：「我之所走這一趟，不是要告訴別人我是誰，而是要探索我會成為什麼樣的人。」[23]在這樣的說法之中，隱含著一個有關臨在的關鍵：當你完全臨在之際，你不僅塑造當下的體驗，更塑造你的未來。

一九三三年，為了遠離納粹政權而逃往美國的德裔猶太人埃里希・佛洛姆（Erich Fromm），或許最能明白這個道理。佛洛姆是傑出且博學的心理學家、社會學家與哲學家。一九七六年，佛洛姆在《生命的展現：人類生存情態的分析》（*To Have or to Be?*）中創造「**生產性活動**」（productive activity）一詞。所謂生產性活動，意思是指「一個人透過活動展現自己的力量。使得個人、個人的活動，以及個人活動的結果合而為一」。這個說法是不是聽來有些熟悉？的確如此，佛洛姆的「生產性活動」，與當代科學家所謂的心流、佛教所謂的涅槃、道家所謂的道，以及古希臘人所謂的美德極為相似。

佛洛姆相信，生產性活動不僅能創造最佳生產力，還能創造幸福人生。他認為生產性活動的品質會影響你現在做的事情，而你現在做的事情會決定你日後成為怎樣的人。他所提出的生產性活動，是以他所謂的**專注**與**最高關注**（supreme concern）為基礎[24]，這也就是所謂的**臨在**。佛洛姆認為，為了拿出最好的表現，成為最好的自己，你必須培養臨在的能力，並運用於有意義、有生產力的活動。他對於生產性活動的概念與現代的生產力觀念大不相同。現代的生產力觀念忙亂而分散，佛洛姆的生產性活動則是經過審慎思索的。生產性活動並不是被動依循忙碌的生活慣性，更不是盲目追求產出數量，而是審慎選擇要將注意力用在哪裡，以及如何使用。

這種審慎思考而來的選擇真是太重要了！愈來愈多研究證實，重要的事情不見得會得到我們的關注，但凡是得到我們關注的事情，往往會變得重要。[25]這呼應古代佛教的一個概念，稱為「**選擇性的灌溉**」（selective watering）。簡單的說，我們的心智含有各種種子，例如：喜悅、操守、憤怒、妒忌、貪婪、愛、妄想、創造力等等。佛教心理學主張，我們應該將自己當作園丁，將我們的臨在與注意力當作滋養種子的養分。我們灌溉的種子，就是會成長的種子，而成長的種子會決定我們將會成為什麼樣的人。換句話說，我們臨在的品質（包括強度以及用途），將決定我們生活的品質。

這些佛教教義首度載入典籍的兩千多年後，作家大衛・福斯特・華勒斯（David Foster Wallace）於二〇〇五年，在美國俄亥俄州凱尼恩學院（Kenyon College）的畢業典禮，發表廣受歡迎的「這就是水」演說。他說：

「學習如何思考」，其實是學習掌握自己的思考方式以及思考內容。這代表我們要具有相當的自覺，來選擇該把注意力放在什麼地方，以及要如何從經驗中建構意義。因為，如果你在成年生活中，不能或不願鍛鍊自己在這方面的選擇能力，就會被徹底擊垮。

華勒斯說得對極了！希望現在的你已經明白分心的危險以及臨在的好處。然而，了解是一回事，實踐又是另外一回事。臨在並不是自動養成的。你能明白一個概念，並不代表你就能身體力行。臨在就像是肌肉，是需要透過不斷鍛鍊而來。

在我輔導的企業高層個案當中，幾乎都有分心、忙個不停的問題，我自己有時候也是。我猜你、我、每個人都有類似的狀況。我們都希望能更臨在，我們現在也都明白臨在的優點。但問題是，我們不知道該**如何**更為臨在。接下來，我要介紹幾種實用又具體的練習。請記得，要捨棄分心的人生，擁抱臨在的人生並不容易，但你可以一點一滴慢慢進步。你所有的努力必定是值得的！

練習❺ 走出分心糖果店

如果你的身邊總是擺滿花生M&M巧克力，你就不太可能選擇糙米跟蔬菜。想要掌握專注力，先把容易讓我們分心的東西移除，就更能產生臨在、心流以及生產性活動。

很多吃掉我們注意力的行動裝置，都是由技術高超的工程師以及行為成癮專家所設計。他們的目的就是要讓你上癮，而且他們可是這方面的高手。正因如此，不論我們再怎麼想抗拒這些裝置對我們的擾亂，往往是徒勞無功。因此，意志力最好是出現在你想臨在之前，而不是在你想臨在之時才出現。

荷馬史詩《奧德賽》（*Odyssey*）最著名的一幕，就是主角尤利西斯（Ulysses）

明知聽見賽蓮女妖（Siren）的歌聲會讓人無法理性思考、專注在眼前的任務，甚至還會誘使人們棄械投降，加入敵軍陣營。即使如此，尤利西斯還是難以抗拒聆聽天籟之音的欲望，於是他將全體船員的耳朵用蠟封住，讓他們聽不見歌聲，再要求船員將他綁在船的桅杆，無論如何都不要將他鬆綁。這麼一來，他就能同時聽見美妙的歌聲，又不受歌聲所驅使。這就是哲學界所謂的「尤利西斯協定」（Ulysses pact），意思是指僅僅憑藉意志力，絕對無法抗拒巨大的誘惑。

想為抵抗誘人的干擾超前部署，需要以下兩個步驟：一、確認你需要進行深度專注的工作、專心玩耍與維繫社交的時間；二、預先消除可能的干擾。

- 在你的行程表，訂出你必須保持絕對專注的時間，或是規畫固定的專注時間。關鍵是預先規畫在這段時間要做的事情，因為如果沒有刻意規畫，我們很容易會分心，無法保持專注。
- 預先安排存放數位裝置的地方，也要規畫好如何消除其他的干擾。

請記得，僅僅是看見手機、電腦之類的裝置，就可能會影響我們臨在的能力。關掉這些裝置的效果可能有限，但唯有眼不見，才會**真的**心不念，所以要把這類裝置放在你看不見的地方。我的個案通常會將手機與電腦放在地下室，或甚至在需要做重要的事情時，離開辦公室，到一個沒有無線網路的餐廳工作。如果你常常會忍不住查看電子郵件、看看有誰按讚、瀏覽社交媒體上的推文和留言，那麼這個練習對你非常重要。請記得，刷螢幕查看這些通知，就像使用存在主義自動販賣機。當你身在賭場，就很難注意到賭博之外的事。

在分心狀況好轉之前，往往會先惡化。對此，你不用感到太過意外。如果你習慣整天跟數位裝置綁在一起，那麼驟然戒斷，可能會令你倍感壓力。或許可以先從適應一小段沒有干擾的時間開始，即使二十分鐘也好，然後再逐漸拉長。

心理學領域將這個過程稱為「暴露與反應預防」（exposure and response prevention，簡稱ERP），是一種治療焦慮症非常有效的療法。原理是將自己暴露在讓你覺得焦慮的東西，再刻意不做出會消除焦慮的反應。「暴露」就是完全臨在，不去查看裝置，也不擔心過去或未來。要避免的反應則是查看手機，或是陷入反芻思考的無限迴圈。

進行暴露與反應預防療法時，一開始你可能會感到更煩亂、更不安，但久而久之就會逐漸好轉。你只需要知道這種療法有效就好，尤其是一開始覺得難受時，更要堅持下去。過了幾個禮拜後，你的大腦就會重新發現，沒帶手機出門並不是世界末日，你也不需要一直擔憂過去或未來。你會更能專注當下，不容易分心，能完成更多有意義的工作。你會感覺自己愈來愈穩定，擁有更多成就感與滿足感。

最後要注意的是：一定要給自己幾分鐘的時間，養成深度專注與臨在的習慣。分心就像垂涎可滴的糖果，總是在當下吸引著我們。我們需要花一點時間適應，才會覺得糙米比糖果更誘人。以我自己為例，當我坐下來寫這本書時，十次當中總有九次會想：如果現在我來發發推特、回覆電子郵件、瀏覽新聞與政治網站，都會比寫書來得輕鬆許多。但過了幾分鐘之後，當我開始進入寫作的節奏，總會慶幸自己是在寫作，而不是在做別的事情。

也許你會想，既然臨在是件好事，那當然要多多益善。所以，何不一整天都努力讓自己避免分心呢？對大多數人來說，這是個極為崇高的目標，只是太過不切實際。硬要自己整天不分心，最後反而會容易屈服於各種新奇與分心的誘惑，結果是更加責怪自己。

我通常會向找我諮詢的個案推薦另一種方式。我建議他們在一天當中，騰出能不受干擾的專心工作或是親密交流的時段，至於其他時段就順其自然。你想查看電子郵件一萬次也沒關係，只要不在預定專注的時間做即可。如此一來，這個練習就不會經常失敗，或一再避開負面的結果（不分心），而是逐步養成成功的模式，得到正面的結果（完全臨在）。久而久之，隨著你的完全臨在經驗愈多，導致分心的吸引事物就會愈少。藉由經歷這樣的過程，養成一生臨在的好習慣。

我舉一個親身輔導的個案為例。提姆是位很成功的業務員，但他習慣於整天掛在網上。他其實不喜歡這種整天掛網的感覺，卻無法想像換成另一種生活方式。於是，我們首先一同規畫每天白天有兩段深度專注的工作時間，每段三十分鐘；至於晚上八點則必須關閉手機，並將手機放入抽屜內。

四個月後，提姆多半可以在白天騰出三段深度專注的工作時間，工作時間約為九十分鐘，同時能在晚上六點半以前，將手機收進抽屜。我問起他調整後的轉變，他說做起來其實並不難，更棒的是，還能從這樣的調整中，不斷獲得小小的成就感。提姆從中發現，愈是臨在，他的表現就愈好，感覺也愈好。

他說：「最初的一、兩個星期很辛苦。我當然還是會有想要查看電子郵件的衝動，無法查看會覺得緊張，唯恐自己跟不上，但我還是堅持下去。」最後，他學會享受糙米跟蔬菜，更甚於花生M&M巧克力。他說：「我發現以前的我都在騙自己。其實大部分的電子郵件與訊息並不需要立刻回覆，大多數事情也可以過幾小時再來處理。」

提姆重拾起注意力與臨在力，這彷彿也象徵著他在重拾自己大段大段的生命。他將更多的時間用於對他來說更重要的人、事、物之上，花較少時間在短暫膚淺的事物上。他漸漸覺得自己較為踏實。提姆的故事帶給我們一個重要的啟示：想擁有不分心的人生，最好的辦法是先從較短的專注時間開始，再逐漸拉長。先從幾分鐘開始，再拉長到幾小時，最後就會是幾天。

練習❻　駕馭分心的浪潮

我們不見得每次都能像尤利西斯那樣將自己捆綁在桅杆，也不見得每次都能消除所有讓你分心的事物。我們往往無法控制自己的思想、感覺、衝動，偏偏這些都是常會打斷注意力的因素。但我們可以察覺到自己受到誘惑，正朝著分心那條路走去，或是發現自己一直想著別的事情，而**不去**行動。

布朗大學神經科學家賈德森．布魯爾（Judson Brewer）說：「每次你乘著渴望的海浪，卻沒有屈服於渴望，就等於不再增強這種習慣。」說穿了，就是要學會即使感受到吃糖果的衝動，也不一定要吃到糖果。布魯爾說：「渴望的浪潮就像顛倒的U曲線，你能感覺到渴望升起、達到頂點，然後下降。」換言之，既然分心無法擋，那麼我們該做的就是駕馭分心的浪潮。

在練習的過程中，難免會有向分心屈服的時候。我們還是會想查看手機，還是會鑽進電子郵件或社群媒體的兔子洞，不斷想著過去或擔憂著未來。這些都沒關係。只要仔細留意你分心時以及分心後的感覺就好。你很有可能會暫時心情很好，然後就像吃了太多巧克力，開始覺得心情很糟。你分心一整天，甚至只是在完全專注時短暫分心。愈是感到不愉快，下一次遇到分心的大浪來襲就更能順利駕馭，更不會被海浪吞沒。簡單的說，就是訓練你的大腦，將干擾視為無意義的雜訊，而不是有意義的訊號。

反過來說也有道理：強烈的臨在感是件好事。這聽起來像是廢話，但等到你變得更為臨在以後，你可能會發現自己很快就從心流狀態，回到充滿干擾的世界，所以始終體會不到身在心流狀態的感覺有多好。一段完全專注的時間結束後，最好花一點時間思考剛才的經歷。

有一種簡單的方法，是我常向個案推薦去做的：寫日誌。花一點時間，簡短記錄你全然專注的經驗。當你愈是思考、愈是內化全然臨在的感覺，未來就愈不容易分心。你會有一種發自內心的感覺，知道分心帶給你的那些空洞、短暫、類似糖果的酬賞，也就是一整天查看電子郵件、按讚、留言、轉推所得到的酬賞，絲毫比不上完全專注於人生中有意義的人與事，所得到的更大滿足。

練習❼ 培養正念

當聽到冥想，你可能會聯想到有人閉上眼睛，盤腿坐著，整個人處在狂喜的狀態。這是當冥想出現在媒體上經常帶給人們的印象，至少在西方是如此。但這會引發一種對冥想的嚴重誤解，讓人以為冥想的主要目的是幫助放鬆。冥想絕非如此。我們要討論的冥想是指正念，是能催生智慧、同理心以及完全專注生活的能力。

回想一下，當你每次靜靜坐著，想將注意力集中在呼吸上時，許多想法、感覺與衝動都會一一浮現，而且往往是一些不愉快的感受。正念練習的重點就在於，不要沉浸於這些想法、感覺與衝動，而是回歸你的呼吸。冥想大師卡巴金（Jon Kabat-Zinn）寫道：「我們只需要觀照、放下，觀照、放下。如果必要，有時甚至必須刻意堅持……就是持續觀照、放下，觀照、放下。」[26]

正念是訓練你放任癢處不去搔抓，無論是身體的癢處，還是比喻的癢處。你看見癢處，感受到癢處，對著癢處微笑，然後重新聚焦在呼吸上。你會發現即使我們不去搔抓，大多數的癢處也會自行消退。你經常實踐正念，人生的許多「癢處」就無法再影響你，你就能毫不費力，將注意力發揮在想發揮的地方。你就有能力發現自己分心，包括外在與內在的分心，再以客觀的態度，將注意力放回重要的事情，而不是對於自己遇到的每一件事都做出反應。這種能力無法一夕養成，必須經常練習。

德寶法師（Bhante Gunaratana）寫道：「要打破根深蒂固、慣性的思考模式，需要經常實踐正念，直到成功為止。分心其實是紙老虎，本身不具有力量，必須有人固定餵食，不然就會死亡。」[27]最新的科學也認同這段話。研究已經證實，注意力就像肌肉。[28]此刻的你鍛鍊注意力，就會增強往後的注意力。同樣的道理，現在你經常分心，未來就更有可能分心。

你可以試著用正式與非正式的方式練習正念。

在**正式練習**，設定計時三十至四十五分鐘，以舒適的姿勢坐著或躺著。先從短時間開始，再逐漸延長。一開始最好每天進行幾分鐘的正式練習，持之以恆，不要把目標訂得太高，結果又常常失敗。

接下來，注意你的呼吸在哪個部位的知覺最強烈，無論是鼻子、胸部，還是腹部。你的注意力如果脫離你的呼吸，轉移到你的思想、感覺或衝動，只要注意到你分心了就好，不必苛責自己，再回頭注意你的呼吸。如果你開始批評自己分心，盡量不要責怪自己這樣做！只要注意當下發生的事，注意到這些事發生，不要特別在意任何事情。就這樣而已。

這個練習就這麼簡單，也就這麼難。如果你在冥想過程中遇到困難，那也不是壞事，代表你有所進步。僅僅是聚焦在自己的呼吸上，保持專注不分心，就已經很不容易。了解這一點，就是很重要的領悟。你從個人經驗發現，我們習慣經常批評自己，而批評自己又是多麼無用，你就會擁有自我慈悲的能力。也許久而久之，你甚至能對這些內在的雜音一笑置之。

在**非正式的正念練習**，就是在一整天當中，每當注意力偏離你想注意的人或事，你都有所察覺，再輕輕將注意力拉回。

無論是正式還是非正式練習，要追求的目標並非永遠都不會分心。即使是當了一輩子僧侶的人，也會有分心的時候。我們的目標是更快察覺到自己分心，並且不苛責自己，重新將注意力導回你想注意的地方。你會更能控制自己的注意力，進而更能控制自己的人生。

正式的正念冥想練習，亦可結合第二章的「培養聰明觀察的觀點」練習。一開始幾分鐘，你可以屢次將注意力拉回你的呼吸，然後再拉開距離，採取更寬廣的觀點，亦即聰明觀察的觀點，以培養臨在技巧。這項練習也可以反向進行。

練習❽ 製作「不辦事項清單」

十三世紀的某一天，中國的無門慧開禪師寫道：「若無閒事掛心頭，便是人間好時節。」[29]

二〇一九年，當我開始與蜜雪兒面談時，立刻就想到無門慧開禪師的這句話。蜜雪兒是大企業的高階經理，她相當理解臨在的價值，但自從升上新職位後，她每天必須親自處理成堆的報告與計畫，讓她實在很難做到臨在。她開始感覺一切失控，甚至是自己的生活。這種支離破碎的感覺隨著時間不斷累積，於是她一步一步走向倦怠。她的時間、精力以及注意力，都不能用在她真正想做的事，因此她感到萬分挫折、憤恨與生氣。

同事漸漸發覺蜜雪兒的狀態不好，她的另一半也有所察覺。蜜雪兒沒有灌溉自己想灌溉的人生種子，種種跡象愈來愈明顯。當我們進行面談時，我請她告訴我，在她的工作中有哪些地方讓她害怕，有哪些是幾乎沒有價值，卻讓她暈頭轉向的東西。

她寫了一份長長的清單。於是我問她，為什麼不乾脆不要再做清單上的事情。我發現她之所以抗拒改變，主要是出於習慣，她會說：「可是我一直都是這樣啊……。」還有個原因是，清單上有不少事情牽涉到其他人，蜜雪兒覺得要是改變以往做法，同事可能會不太高興。我聽了以後，對她說：「這麼想想也滿有道理。」

接著我問蜜雪兒，對於清單上每一件事的價值，覺得自己的評估是否正確？她對我說：「哦，我很有把握，這些事情幾乎都不值得做。」我再問她，她的同事會不會也是這樣想，只是也許跟她一樣怕得罪人，所以不敢跟她說？她聽了眼睛一亮，對我說：「我從來沒想過這種可能。」

接下來的幾個星期，蜜雪兒主動找同事開誠布公的溝通，最後一同清除清單上將近七〇％可以扔進垃圾桶的項目。她覺得更自由，更能專注在真正重要的事，她的團隊成員也有同感。

說來很難想像，我們竟然花了那麼多時間、精力以及注意力，做一些對自己無益的事情。其中有些可能是曾經有用，但現在早已無用的慣性作業，或者正如蜜雪兒的例子，是跟別人有關的事情。事實上，我們之所以無法專注在這些事情上，問題通常是出在我們自己身上。

幸運的是，我們可以立刻解決問題，還能設想問題沒有解決的話，後果會有多慘重。我們怎樣度過一小時，就會怎樣度過一天。正如作家安妮・迪拉德（Annie Dillard）的至理名言：「我們怎樣過日子……就會怎樣度過人生。」[30]

在第二章，我們定義了我們的核心價值觀，也探討如何透過行動實現核心價值觀。你也可以時常問自己，是否將注意力與精力用在符合這些價值的地方：

- 你的個人生活與職業生涯有哪些地方需要調整，你才能少花些時間在膚淺的事情上，多花些時間做真正有意義的事？
- 你是否經常灌溉哪些你不想灌溉的種子？
- 你如何讓自己更為自由，才能灌溉你想灌溉的種子？

你不妨像蜜雪兒一樣製作一份工作清單，而且不要手軟，要大膽刪去清單上的無用項目。待辦清單是很好用，但若是太過龐雜，就會影響臨在的能力，妨礙我們從事生產性活動，害得我們瞎忙一通，也就是塞內卡所說的無事空忙。想要重拾臨在能力，不如為自己製作一份「不辦事項清單」吧！

關於臨在的最後一點想法

所謂臨在，不只是在當下做到踏實，不只是避免被沒完沒了的干擾所驅使，也包括為未來打下基礎。臨在能讓你主動掌握個人發展，而不是隨波逐流。臨在能引導你做有意義的生產性活動，而非不經思考、基於慣性的空忙。

在這一章我們也發現，一旦進入心流狀態，亦即古時候佛陀所謂的涅槃、道家所謂的道，時間彷彿完全消失。這是有道理的。當我們完全臨在，便不會思考過去或未來，也不會擔心自己落後，不會去掛念其他應該做的事，純粹存在於當下。一旦擁有臨在能力，我們比較不會慌張、倉促，也會更有耐心。而耐心，就是我們下一個要討論的踏實感原則。

第四章

原則3

耐心

保持耐心，才能讓你更快達到目標

一九九〇年代初期，唐娜大學一畢業就到財星百大企業工作。二十年來，她一路晉升，承擔愈來愈重的職責。二〇一六年，她得到職業生涯中最好、也是最意想不到的升遷機會，受邀加入公司高層行列，成為在全球各地擁有幾千名員工與據點的企業高層之一。她是僅有八人的高層團隊裡唯一的女性，也是唯一的非裔美籍人士。因為這樣的特殊身分，有些同仁尊稱唐娜為「兩個唯一」。

唐娜接任新職位不久，與我進行第一次面談。她對我坦承，真想像不到自己會有這一天，雖然以前她也擔任過管理職，但遠不如現在位高權重。她說：「我只是一直做我喜歡做的事情，跟一群傑出的人合作。我想我應該是意外獲得晉升高層的機會，這一切讓我感覺好不真實。」

唐娜之所以能火速升官，或多或少是因為她有完成大型計畫、推動作業進度的執行能力。每當進度不如預期，她會自己跳下來完成工作。她擁有世界級的專業能力與超級強大的執行力。

如果領導的團隊成員是十人、一百人，甚至一千人的公司，唐娜的執行力確實是一種優勢。但如果要領導的團隊是數萬人，同時必須在大船上掌舵，以應付變動莫測的潮流，那麼只是一心想加快執行的腳步，就不一定是理想的領導之道了。或許正因如此，接任新職的唐娜每次想推動工作進度，最終都是以深深的挫折感收場。這讓她更加焦慮，花更長的時間在工作上，幾乎不曾闔眼休息。她如此拚命，結果念茲在茲想推動的計畫與工作進度不僅沒有加快，有時候甚至反而變慢。

唐娜遇到的問題並非個案，許多我輔導過的企業高層客戶在首次擔任重大領導職務時，也都遇到相同的問題。即使並非擔任管理職位，當我們想達成一項重要目標時，也多少會經歷類似的狀況：我們急著立刻看到成果；我們想要感覺安心；希望一切都在自己的控制之中；想要盡快解決問題。上述這幾種態度，全都是個人英雄主義在作祟。在某些情況下，這些態度確實就像火箭的燃料，能推動我們以最快的速度向前衝刺。但在許多狀況下，這種態度反而會降低生產力。對唐娜來說，此時最重要的就是必須學會以新的領導方式、新的存在方式，才能有效鞏固她的領導核心。簡單來說，她必須學會耐心。

在下面的內容中你會發現，我所謂的耐心，並非是指永遠在等待，卻始終等不到結果，而是一種謹慎而穩定的堅持，只需要在短期間暫時放慢速度，卻反而能夠讓自己走得更快、更遠。這就是「促使事情發生」和「讓事情發生」的差異，也是「自己跳下去干預」以及「退後一步，順其自然發展」的差異所在。這兩種策略適合運用在不同的時機與場合，但大多數人卻在應當採用第二種策略時，不由自主的選擇第一種。

踏實的第三項原則是耐心。

我們都有過於急躁、匆忙，以及把急事看得太重要的傾向。耐心能抵銷這種傾向，幫助我們試著把眼光放遠，進而擁有穩定、有力量以及持久的進步。

耐心有時會帶來痛苦

二〇一四年，夏洛茨維爾（Charlottesville）的維吉尼亞大學社會心理學家提摩西．威爾森（Timothy Wilson）有一種預感：也許現在的人比以前更不喜歡等待。為了測試他的假說，他邀集幾百名大學生與社區居民，參與一項「思考時間」（thinking periods）實驗。

實驗的進行方式如下：先安排研究對象在空蕩蕩的房間停留十五分鐘，研究對象的智慧型手機、筆記型電腦、筆記本一律沒收，確保他們不受任何干擾。威爾森給研究對象兩種選擇：什麼也不做的坐著等待，直到十五分鐘過去；另一個選擇是給他們一台電擊器，讓他們可以對自己施以電擊。

研究結果就像電流帶來的刺激一樣衝擊力十足！有六七％的男性以及二五％的女性選擇屢次按下電擊鍵，而不想靜靜坐著等待。他們並不是自願的受虐狂。事實上，在研究開始之前，許多研究對象都表示自己願意付錢以換取不被電擊。但真的到了得坐著等待時，哪怕只有短短的十五分鐘，大多數的男性以及為數不少的女性還是無聊到寧願被電擊。

威爾森的假說是正確的。研究結果清楚顯示：人們不喜歡無聊，討厭等待。雖然在威爾森的研究中，研究對象為了避免等待，願意承受的痛苦令人咋舌，但研究的結論卻不讓人意外。

我們的社會愈來愈強調立即見效：用手指點一點、滑一滑就能訂購餐點，並期待幾分鐘後，快遞員就會按你家門鈴；我們喜歡閱讀兩百八十字的推特或臉書貼文，而不是長篇的調查報告；向我們推銷各種權宜之計以及「解決方案」的廣告如潮水般湧來。這些同樣是基於個人英雄主義而來的行為模式，追求的是快速致富、快速健康以及快速快樂。有些人甚至幻想能「長生不死」，一心追求長壽。更諷刺的是，他們此時此刻就要長壽，最好能有顆神奇的藥丸、飲食方式或是速成法，能立刻創造長壽的驚人效果！

根據Forrester的研究調查發現，二〇〇六年時，線上購物者期待網頁載入時間應少於四秒。三年後，這個數字縮短為兩秒。到了二〇一二年，Google工程師發現，網路使用者認為搜尋結果應該要在僅僅五分之二秒以內出現，或是大約在一眨眼的時間載入。[1]可以想見，未來這種趨勢鐵定沒有放慢速度的可能。[2]

尼可拉斯．卡爾（Nicholas Carr）曾在《網路讓我們變笨？》（*The Shallows*）中探討網際網路的深遠影響。卡爾說：「當科技不斷增進刺激的強度與事物推陳出新的速度，我們也逐漸適應這樣的節奏。我們變得不再像過去那麼有耐心，一旦刺激沒有持續出現，就會開始感到恐慌而無所適從，因為我們已經習慣於期待刺激的存在。」[3]

二〇一二年一份研究報告有先見之明指出：「千禧世代的超連結生活利弊參半」。[4] 這項研究是出自美國皮尤研究中心（Pew Research Center）的「網際網路與美國生活計畫」（Internet and American Life Project），預言未來的超連結世界會出現「期待立即滿足」的副作用。是的，你沒看錯，就是「副作用」這三個字。便利的科技本身並沒有問題，我也依賴便利的科技，而且我就跟大多數人一樣，對於螢幕畫面載入速度不夠快，就會感到難受。但如果我們對於人生其他方面，也期待以這種高效速度、不間斷的刺激，來達到立即滿足，那就一定會出問題。

好的事物需要時間的醞釀。無論在競技運動、商業、藝術創作、科學，以及人際關係等各種領域，具備耐心都是一種優勢。過去矽谷告訴我們「動作要快，大破大立」（move fast and break things），但從那麼多矽谷公司的失敗經歷以及因意外造成的傷害，全都向我們證明，求快的心態只會讓你更加支離破碎。

培養耐心就像擁有緩衝，能避免我們陷入無止盡的忙亂與憂慮循環。耐心能幫助我們抗拒誘惑，不會一再尋求新奇，也不會不斷改變路線。有了耐心，即使進展緩慢，我們也能做個可靠又體貼的人。耐心能幫助我們將眼光放遠，知道有時候任由事態自然發展是最好的策略。耐心甚至能讓我們在當下做出更迅速的行動。正如我的一位好朋友賈斯汀，他在加州奧克蘭（Oakland）市區擔任急診室醫師。他告訴我處理分秒必爭的外傷醫療原則是「放慢腳步才能快速完成」。

想想這個大多數人都不感陌生的主題：節食。很多有志減重的人總會追逐時下最新潮的方法，不斷變換各種推陳出新的流行飲食法：低脂、低醣、邁阿密飲食法（South Beach）、阿特金斯飲食法（Atkins）、得舒飲食法（DASH）、區域飲食法（Zone）、歐尼斯飲食法（Ornish）、生酮飲食法（keto）、間歇性斷食等等。這些節食法不是沒有效，而是經常變換方式對減重沒有助益。

史丹佛大學在二〇一八年發表一項研究，研究人員將研究對象隨機分為兩組，分別進行低脂與低醣飲食，並追蹤一年下來兩組的差異。結果發現最能預測減重的因素，並不是研究對象所分配到的飲食方式，而是他們是否確實遵守這種飲食方式。至於哪一種才是最好的減重飲食方式？不是過度粗暴的節食法，而是能持之以恆的飲食方式，道理就是這麼簡單。然而理解很容易，實踐起來卻很困難。印第安那大學醫學院醫師研究員亞倫・卡羅（Aaron Carroll）於《紐約時報》發表文章時表示：「節食法若能成功且維持長久，多半都是經過緩慢且穩定的改變。」[5]

其實不只是節食，幾乎每一種持久的改變，無論是工作表現或身心健康都是如此。如果追求結果的過程太急促，或是太急著要看到結果，只會一再失望。尤其是當你所從事的是需要花費愈大的努力、愈有意義的事情，你愈需要給予更多耐心。

回想我的強迫症最為嚴重時，我得到最有用的建議是我的醫師路卡斯（Dr. Lucas V.D.）對我說的一句話：「要有耐心，這是一場九局的比賽。」當時，我多麼希望自己是處在九局下半，並且以七分遙遙領先對手，但事實上，我可能還卡在第二局中場而已。路卡斯醫師試圖讓我明白，復原是一條漫漫長路，一路上會經歷各種高低起伏，其中有幾局可能比較順利，有幾局可能萬分艱辛。

不論如何，他的建議令我深有同感。在人生的諸多領域，無論是個人生活或是職業生涯，我們通常會聚焦在當下這一刻，認為當前就是一切。當然，造成這個狀況的元凶之一，也與不斷強調速度與速效的社會文化有關。然而，如果我們能擴展視野，明白人生有太多事情都像一場需要打滿九局的比賽，那麼對於眼前的事情就不會急於求成，也不會因為一時的落後而感到萬分痛苦。當我們明白艱難的時刻總有一天會結束，就會覺得人生似乎沒那麼艱難。我們也會以更為深思熟慮、更加以一以貫之的態度面對一切，進而更有機會得到令人滿足的成功，這就是踏實人生的標誌。

天底下沒有「一夕之間突破」這回事

一八三一年，達爾文（Charles Darwin）搭乘小獵犬號（HMS Beagle）啟航，在海上度過將近五年時光。小獵犬號是一艘繞行地球進行科學探險的大船，但一直到一八三五年，接近航程終點之時，達爾文踏上加拉巴哥群島（Galapagos Islands），才讓「天擇說」有了雛形，建構起物種演變（transmutation of species）的想法。[6]但這只是開始而已。達爾文結束海上旅程後，努力鑽研天擇說，並在一八三六至一八三八年間大有斬獲。而直到一八五九年，他才發表鉅作《物種起源》（*On the Origin of Species*）。換句話說，他耗費二十多年時間去開創、精進他的理論。

在這段期間，達爾文必須克服無數次方向錯誤、外界批評以及心理障礙。後來，他表示自己能成功，主要是因為「熱愛科學，憑藉無比的耐心，以及遇到任何主題都會長時間思考。」[7]達爾文創造堪稱現代史上最偉大的科學突破，但這並非一夕之間的突破，而是二十多年來不斷努力的結果。在達爾文搭乘小獵犬號啟航的二十八年之後，首度發表《物種起源》之時，達爾文，這位發明新理論、挑戰舊傳統的開路先鋒，已經年近半百了。

抱持著個人英雄主義的心態，總是期待事情可以進展得很快，但往往事與願違，而且事實上，我們並不需要急於求成。在任何重要的事情上，若想做出有意義的改變，你必須付出夠持久的努力，才能突破過程中難免會遇到的障礙與瓶頸。看似停滯的階段，也許根本沒有停滯，只是你還沒看見自己努力的成果。

你做重要的事情，重要的事情也會塑造你。我至今還沒遇到過有人對我說，他們最快樂、最滿足的時刻，是最慌張匆忙的時刻。

雖然上述道理聽起來令人欣慰，但在真實人生中遭遇瓶頸期卻相當難熬，甚至還可能暴露出潛藏在我們內心深處的動機。例如，你做這件事，是不是因為你向來渴望能展現成果？如果看不見實質進展，在缺乏多巴胺（讓人心情愉快的神經化學物質）時時刺激的興奮下，你還能繼續堅持嗎？消費文化不斷向你推銷一夕成功、快速致勝的方法，還有各種吸引人上鉤的騙局與權宜之計，想引誘你脫離正軌，當面對這些誘惑時，你真的能充耳不聞嗎？

你對這些問題的答案，關係到你能否擁有恆久的成功與滿足。有時候，你必須不斷敲打石頭，石頭才會真的裂開。請記住，這並不代表你先前的敲打都沒有作用。成功是持續累積的結果，也許重大的突破就在眼前，只是你還沒看見罷了。

突破的關鍵

「突然的突破」在運動訓練格外常見。例如長跑訓練時，本來需要花八分鐘才能完成，經過好幾個星期訓練下來，完成時間突然縮短為七分四十五秒。或是你在重量訓練室做蹲舉訓練，一連幾個月都卡在兩百七十五磅的關卡，後來彷彿一夕之間就上升到三百零五磅。運動科學家將這種現象稱為「補償」與「超補償」的循環。

你的身體需要時間，才能吸收與適應精實的訓練。更精確的說，運動過後最快也要十天，才能看見運動成效，而且一般來說，甚至需要超過十天。[8]運動員往往會先稍微退步，然後才會進步。而對於職業運動員來說，需要鍛鍊一整年才達到訓練目標的例子也不罕見。運動員的身體會補償運動量，亦即從訓練的壓力恢復、反彈的過程中，先維持原本的狀態，或者會稍微退步，然後才會進入超補償階段，開始出現超越原本能力、明顯變強的狀況。

這種模式並非只出現在運動員身上。二〇一八年發表於知名期刊《自然》（*Nature*）的一項研究[9]，在探討創意作業與思考作業的表現。研究團隊發現，大多數人在職業生涯中會有一段「連勝期」（hot streak），在這段期間的表現，會出現遠超過尋常的表現，但連勝期出現的時機卻難以預測。該研究指出：「連勝期會隨機且短暫的出現在職涯期間，而且與其生產力多寡無關。」此外，每一段連勝期的出現都有一個共同點，那就是有先前的努力作為基礎。

在努力投入的過程中，很難馬上看到明顯的進步，因此，倘若太早放棄、突然轉換職涯跑道，或是立刻改換方法，就很難為自己帶來突破。想要有所突破，得要先有耐心才行。例如一八八八年是梵谷離世的前兩年，他在這年完成超過二十幅畫作，大家所熟知〈星夜〉與〈向日葵〉等名作就在其中。[10]

另一個憑藉耐心與堅持開創重大突破的另一個例子是塔尼西斯．科茨（Ta-Nehisi Coates）。身為作家的他在職業生涯初期，時常必須為了生存而奮力掙扎。從一九九六至二〇〇八年，他經常被各大刊物退稿。[11]他的第一本著作《美麗的掙扎》（*The Beautiful Struggle*）於二〇〇八年推出之際，幾乎沒人聽過他的名字。當時科茨已經失去三份工作，全家依靠失業補助、妻子的收入，以及親人的支持過活。但他還是繼續咬牙苦撐。

二〇〇八年，他在《大西洋》（*The Atlantic*）開設網路專欄，雖然忠實讀者增加的速度緩慢，但人數確實持續上升。直到二〇一二年，寫作將近二十年的他在發表數百篇文章之後才終於成名。那年，他寫的文章〈黑人總統的恐懼〉（Fear of a Black President）登上《大西洋》的封面文章。二〇一四年，科茨的文章〈彌補的辯證〉（The Case for Reparations）成為該年網路上最多人閱讀，也是最多人討論的文章。

二〇一五年，他的第二本著作《在世界與我之間》（*Between the World and Me*）榮登《紐約時報》暢銷榜第一名，也進入普立茲獎決選名單。更重要的是，這本書的的確確改變全美國、甚至是國際的種族論述。二〇一七年，科茨四十二歲生日的幾天前，《紐約時報》盛讚他為「同世代最具影響力的黑人知識分子」。[12]

科茨曾向一群年輕作家發表演說，探討擺脫分心、保持耐心的重要性。他說：「擺脫分心，保持耐心，我們就能盡量擴大視野，看見更多的世界，但看見世界需要時間。真的，那需要時間。因此，你不會想養成會奪走時間的習慣。」[13]有人問起他在創作上的突破，他說：「其實真的沒有那麼神祕，方法就是反覆練習、一再練習，突然之間，就會達到自己想像不到的境界。」[14]我在二〇二〇年寫下本書這段文字之際，一場大型的社會正義運動正在進行，到處都有人引用科茨的作品，引用頻率一星期多達好幾次。科茨憑藉著耐心與堅持，不僅改變了自己，也改變了世界。

耐心所帶來的強大優勢，還展現在一個最令人意想不到的領域，那就是尖端技術產業。當我們想到新創公司的文化，通常會聯想到個人英雄主義、速度快以及年輕有活力。但這種聯想是錯誤的。就像臉書創辦人兼執行長馬克．祖克伯（Mark Zuckerberg）談到企業家時曾說：「我想強調，年輕、有技術真的很重要。年輕人就是比較聰明。」[15]祖克伯說這段話的時候將近三十歲，但很可惜的，他的觀點並不正確。

我之所以說這段話不正確，是基於麻省理工學院史隆管理學院（MIT Sloan School of Management）所發表的研究。在一項大型研究中，研究團隊探討二〇〇七至二〇一四年間創設於美國的每一家企業。整個資料集總共涵蓋兩百七十萬名創辦人。研究團隊將創辦人的年齡與各種公司表現指標進行比較，這些指標包括雇用率、銷售成長率，以及如果是上市公司的話，公司在首次公開發行（ＩＰＯ）的價值等等。

結果研究團隊發現，成功的企業家多半是中年人，而不是年輕人。在研究進行期間，美國成長最快的〇．一％頂尖企業當中，創辦人平均是在四十五歲時創立公司。中年創辦人首次公開發行的成功率也是最高的。至於五十歲創辦人創辦高成長企業的機率，是三十歲創辦人的一．八倍。史隆管理學院研究團隊表示，即使創辦人是在年輕時創辦公司，通常也要等待一段時間，公司才會達到顛峰狀態。[16]舉例來說，堪稱是賈伯斯與蘋果公司最創新的產品iPhone，那是在賈伯斯五十二歲那年問世，比達爾文發表《物種起源》的時候還要年長兩歲。

還有另外一件事值得關注。無論是在健身房、職場，還是經營一段關係，如果你一直做著同樣的事情，而且沒有任何變化，其實是具有風險的。科普作家大衛・艾波斯坦（David Epstein）在他的著作《跨能致勝》（*Range*）提到，我們有時候花太多時間努力求成，還不如轉換跑道，做更符合自己興趣與能力的事情，尤其是當我們第一次踏入新領域時。這就是經濟學家所謂的「**匹配品質**」（match quality），也就是一個人適合某些類型的活動與工作的程度。艾波斯坦強烈主張，匹配品質比埋頭硬拚更重要。畢竟你現在做的事情若是適合你，你自然有可能堅持下去。✦

但即使你已經擁有匹配品質，往往還是要面臨一項同樣重要，甚至具有更大風險的挑

✦我自己就是很好的證明。我向來是個特別會硬拚的寫作者，從小學開始，有人跟我說我不會寫作，但我還是一路跌跌撞撞寫到現在。高中時，仍在跌跌撞撞中匍匐前行的我遭遇最慘烈的失敗，是被新聞學院拒於門外（當然也包括無數文章被退稿，直到現在，退稿對我來說還是家常便飯）。但當我遇到科學和數學時，從來就硬拚不起來。這並不代表我不是個堅韌的人，只是代表我喜歡寫作，遠勝於喜歡科學與數學。寫作與我的匹配品質，遠高於科學、數學與我的匹配品質。就是這樣。

戰，亦即太早停下腳步，或太快改變方法。根據我多年來的個人以及企業教練經驗，我從輔導許多運動員、經理人、創意工作者中獲得一個發現：太早放棄的現象遠比等待太久還要普遍。

這並不讓人意外。人類具有行為科學家所謂的「**作為偏誤**」（commission bias），誤以為作為比不作為理想。我們要是沒看見成果，就容易失去耐心，還會產生一種強烈的衝動，覺得自己該做點什麼，什麼都好，以便加快眼前進度。但事實上，最理想的策略往往是繼續走在原本的路線上，視情況做出調整，順其自然。與其一直想著：「**別只是站著，趕快行動**」，有時我們也應該試著考慮：「**別只是行動，站著就好**」。

恆心能創造更豐厚的收穫

想要獲得進展，真相是這樣的：只要你不急於求成，一點一滴、持之以恆的努力，長期下來就有可能得到豐厚的收穫。深知這個道理的人，莫過於世上最著名的人類行為專家之一：史丹福大學行為設計實驗室的福格教授（BJ Fogg）。

福格提出人類行為驅動的模型，指出人之所以會做出某項行為，主要取決於三個因素：一、自身的動機；二、完成指定任務的能力；以及三、必須要有觸發物來啟動行為。

因此，無論你的動機是什麼，如果你常從事超出自身能力太多的事情，或是在短時間內想完成太多事，很有可能會容易氣餒，不久就灰心喪志，甚至連情緒與身體也都可能遭受傷害。

相反的，如果我們逐步增加任務難度，那麼上個星期覺得很困難的事情，到了今天就會變得較為容易。換句話說，習慣是逐步累積而成的。透過不斷累積小小的勝利，久而久之就會形成巨大的勝利。這不代表進展永遠都是線性的。你會經歷順利的時候，也會遭遇不順的時候。而你真正要去追求的，是在平均表現上有所進步。

耐心還能提升你的財富。下面這個絕佳的例子能具體證明這點。有一種很少人使用（也許同樣是因為需要耐心）的投資哲學，叫做**平均成本法**（dollar-cost averaging）。它的基本理論是：每天將少額金錢投入大型基金，當市場下跌時，你就能買進更多基金單位；市場上漲時，你買到的基金單位較少。平均成本法的原理就是統計學所謂的「均值回歸」（regression toward the mean），亦即任何動態系統在短期都有回歸平均狀態的傾向。

長期來看，只要市場逐漸上漲，亦即平均遞增，你就能創造財富。這種哲學適用於人生許多層面，絕不只是投資而已。與其偶爾拚命、經常倦怠，還不如持之以恆的長期提升自己的平均表現。若能秉持著一點一滴、持之以恆的心態，那麼不僅在順利時要努力，遇到瓶頸時也要努力。也許你會少了一些大起大落而來的興奮，卻能擁有更為持久的進展，內心會覺得更穩定、更放鬆。也許你會問：為何穩定、放鬆會比興奮更令人滿足？關於這點，下面我們將繼續進行探索。

放鬆 vs. 興奮

世界排名第一的肯亞長跑運動員埃利烏德．基普喬蓋（Eliud Kipchoge），於二〇一八年打破馬拉松世界紀錄。基普喬蓋除了跑速超快之外，還是個非常喜歡思考的人，他有個綽號叫做「長跑哲學家之王」。有人問起他的成功祕訣，他說關鍵在於不要苛求自己。他在訓練時，不會要求自己一定要保持在顛峰狀態，而是抱持耐心，始終如一。

大多數長跑運動員經常更換教練，基普喬蓋十幾年來卻始終和同一位教練合作。他在參加打破世界紀錄的那場比賽前，曾接受《紐約時報》的採訪，說自己在訓練時，大約只會發揮八〇％的實力，最多不會超過九〇％。正因如此，他能夠承受一連好幾星期的訓練。他最擅長的事情是順其自然，而非刻意強求。[17]他的教練派翠克．桑（Patrick Sang）說，基普喬蓋擁有閃電般速度的祕訣，在於他「放慢速度，慢慢進步」。基普喬蓋也說：「我希望能在放鬆的狀態下跑步。」[18]他不僅確實做到，而且做得淋漓盡致。

基普喬蓋的「放鬆哲學」（無論是場上還是場下的放鬆）也許比他的速度更有名。在運動競技場上，他總是邁著流暢的步伐，臉上始終帶著微笑。即使在比賽最後艱難的衝刺階段，當其他跑者都呈現臉部扭曲、步伐僵硬混亂，一副受盡折磨、苦不堪言的樣子，但基普喬蓋卻總是看起來舉重若輕、游刃有餘。

場下的他說話輕柔緩慢，相較於其他跑者一心想著贏得比賽、打破紀錄，基普喬蓋顯得獨樹一幟。在他打破世界紀錄的那場比賽前，有人問他給自己訂下什麼樣的目標，他聳了聳肩說道：「說實話，我只打算跑出個人最好的成績。如果碰巧能創下世界紀錄，那就更好了。」[19]

放鬆往往伴隨耐心而來（先前提過，臨在也能讓人放鬆，這幾項原則可說是相輔相成），當你將注意力完全放在當下，就會進入放鬆狀態，任由事態自然發展，既不強求也不躁進；而興奮則剛好相反，它會縮小你的視野，讓你將注意力完全放在未來發生的事情。興奮的感覺確實很不錯，而且能為人生增添精彩，但如果執著追求這種感覺，可能會讓你錯過眼前的一切。若能讓自己放鬆，時間會變得緩慢，空間也會變得遼闊。一行禪師寫道：

我們必須懂得區別「快樂」與「興奮」。很多人把興奮當成快樂，他們期盼並追求能讓他們感到興奮事物，對他們來說這就是快樂。然而，當你興奮時，你的心就無法平靜，真正的快樂必須以平靜為基礎。[20]

我曾深刻體驗「追求速度而來的興奮」與「保持耐心帶來的放鬆」之間的差異。有天早上，我那當時還是嬰兒的兒子，對一顆藍色、柔軟、有彈性的球非常有興趣。熱愛運動的我心想，也許他會想玩八個月大嬰兒版的接球遊戲（其實是**我**希望他能夠這麼做）。我興沖沖的期待他馬上開始。我認為只要我鼓勵他、示範各種玩法給他看，他就會想玩，但他看起來一點興趣也沒有。這樣努力五分鐘後，我突然意識到：兒子正用他自己的方式玩得很開心。他吸吮著球、看著球、摸摸球、試著吃掉它、放手讓球滾動……光是如此，就讓他覺得好神奇。

而我呢？我滿腦子要控制整個局面，讓接球遊戲成真。我忙著對可能發生的事情感到興奮，卻差點錯過欣賞孩子做自己的機會。當我放下玩接球的念頭，不再興奮與期待後續發展，我發現自己的狀態完全轉變：我變得比較不緊張、不煩躁，也比較不受拘束。我關注的焦點從「未來可能發生什麼事」轉向「現在正在發生什麼事」，以更開放的態度體驗眼前的一切，哪怕這些事情跟接球遊戲完全無關。就這樣，我從興奮轉為放鬆、從急切轉為耐心、從盤算未來轉為臨在。

這讓我意識到，無論是我自己或身邊那些終日汲汲營營的人，我們總是喜歡興奮更甚於放鬆。我們之所以投入某項事物，是希望讓它朝自己期待的方向發展，並對**可能**發生的結果感到興奮。這確實能為我們帶來助益（如果你希望快速達到特定成果的話），而且也可能成為我們習慣的行事方式。然而追求興奮的代價，往往是失去喜悅與放鬆。興奮感會驅使我們出手控制局面，促使事情如期發生，但更理想的做法，其實是**任由**事態自然發展。

不過，在此必須澄清的是：追求耐心與放鬆，不代表你永遠不該追求速度和興奮。重點是在追求速度和興奮的過程中，請記得停下來想想我們可能付出的代價，想想也許你再繼續敲幾下你的「石頭」，它就會承受不住而就此碎裂。

也許你從來不曾體會耐心與臨在帶來的感受。人們總想爭取更多時間，期待把事情做得更快，而不是把事情做得更好。但仔細想想，當你爭取到時間，卻只是繼續快速完成更多事，那又有什麼意義？我從未見過有誰希望自己的墓碑上刻著「他總是匆匆忙忙」。

練習 9 順其自然，而非總是強求

還記得本章開頭時提到「意外晉升高層」的唐娜嗎？她後來學會適時放手，不任意介入員工的工作計畫。過去的唐娜在看待工作時，每當感到強烈的衝動時，就想跳下去主導。這種衝動成為一種提示，讓她忘了去思考另一種可能：如果自己不出手，情況會是如何？在某些情況下，就算她真的思考到不出手的選項，答案也會是「後果勢必會陷入混亂」，於是她還是會立刻介入，也認為自己理當要介入。

但大多數時候，如果唐娜不試圖介入，工作進展只會略有不同，而且狀況並不會更糟糕。她愈習慣不介入，就愈覺得輕鬆，也會讓自己的工作表現更好。後來，她終於明白：有些工作今天必須緩慢的進行，明天才能有更快的進展。

獲得這個領悟後，唐娜漸漸勝任這個新角色，成為我所認識最具踏實感的領導者。她將眼光放遠，同時也牢記人生中面臨的大多數挑戰，無論是在個人生活或職業生涯，往往都需要耐心打完九局比賽，並在其中度過無數高低起伏。

我在協助唐娜適應新的領導角色過程中，始終想起「**夠好的母親**」（good enough mother）概念。這個概念是由心理分析學家唐納德・溫尼考特（D. W. Winnicott）於一九五〇年代初期提出。[21]我將這個概念稍做調整，創造出「夠好的父母」（good enough parent）一詞。

根據溫尼考特的概念，「夠好的父母」並不會回應孩子的每個需求，不會當「直升機父母」（helicopter-parent），但這不表示他們會忽視自己的孩子。父母要做的是營造一個安全的環境，讓孩子發展與探索。雖然有時父母還是必須出手干預，但干預並不是目的，目的是創造一個空間，讓孩子在整個成長過程中能自行發展。溫尼考特的研究發現，大多數父母都很容易出手主導，唯有經由刻意學習，才會真正懂得適時放手。

「夠好的父母」這個概念相當適用於我們人生中許多「重大工程」，包括我們的個人發展，也可以運用在親職教養上。尤其是當我們意識到自己有急於求成，或是明知道自己應該放慢腳步、順其自然，卻偏偏有想要出手主導的傾向，就更應該採取「夠好的父母」心態。下次當你感覺到自己有想要出手干預的衝動時，不妨停下來問自己：現在做的事情如果放慢一〇%的速度會如何？稍微退後一步，讓事態有多一點時間自然發展，又會如何？（這項練習也可以運用在小事情，例如：延後寄出電子郵件。）

有時候，我們確實需要出手干預。但有了「暫停」這個步驟，再加上採取「夠好的父母」的心態，就能提升決策的品質，而不是以自動駕駛模式貿然前進。如此一來，也能中斷「瞎忙」的惡性循環，避免伴隨瞎忙而來的壓力，幫助自己無論是處在平日生活、決策及行動上，都能更為踏實。

練習⑩ 過程重於結果——小小步驟換來大大收穫

《道德經》是最受歡迎的道家經典之一，是由老子寫於西元前六世紀。老子據說與孔子同一時代，比孔子年長。在某些人的心目中，老子的形象是消極的隱士，但研究道家的西方學者史蒂芬・米契爾（Stephen Mitchell）表示，這是對於老子「為無為」思想的誤解。[22]「為無為」字面上的意思是「做『不做』」，但仔細閱讀《道德經》就會發現，老子在書中提出各種在世上作為的建言。只是老子提倡的作為，是要以緩慢、穩定、和諧的方式行事。他要我們仔細留意人生的流動，要以有耐心、穩紮穩打的步伐前行，而不是大膽冒進。老子寫道：聖人「天下之大事，必作於細」。[23]

一旦你設定龐大的目標，往往很容易對於日後的成果過於興奮，因而行事過於匆忙，因為你一心一意只想趕快達成想要的結果。有時甚至會為了求成，不惜衝動行事。對於運動員來說，急於求成的結果可能是傷病纏身、過度訓練；對於一般職場專業人士來說，急於求成則可能帶來巨大的倦怠感。

在哈佛大學商學院進行的一項名為「失控的目標：設定過量目標的系統副作用」的研究中，哈佛大學、西北大學，以及賓州大學的聯合研究團隊致力於研究設定目標的潛在缺點。他們發現過度重視目標，尤其是可量化的目標，往往招致動機下降、非理性的冒險，以及不道德的行為。[24]

因此，與其一心想達成遠大的目標，還不如將大目標分解成一個個小目標，再分別聚焦在每一個小目標。這樣一來，就會形成相當強大的專注機制。即使你追求的是長期的目標，也能試著臨在，進而保持耐心。

當你專注在眼前的工作，狀態反而會更好，這就是我所謂的「**過程心態**」（process mindset）。擁有這種心態，就不會在應該慢慢來的時候，太著急著看見成果。對於大多數重要的事情而言，想在長期獲得進展，重點不在於付出過程中花費多大的努力，而是你做事的節奏有多聰明；不在於某一天的進度有多少，而是一連幾個月、甚至連續幾年你所維持的紀律。培養過程心態的步驟如下：

- 首先，設定一個目標。
- 接下來，思考達成目標的過程中，哪些步驟是你能控制的。
- 然後，暫時忘掉目標，專心執行這些步驟。衡量自己的臨在程度，以及當下的努力程度。
- 如果你發現自己滿腦子都是目標，就問自己，**現在**該怎麼做，才能幫助自己達成目標。有時候答案可能是什麼都不做，好好休息就好。
- 在整個過程中，要記住：為做事而做事，並不能算是進展。讓自己專注在做事之中就好。

練習⓫ 還剩一次就停下來

「還剩一次就停下來」是許多運動員教練信奉的古老箴言，意思是指在平時運動時，例如跑步最後一圈、舉重最後一舉，或馬拉松最後一哩之際停止。雖然你會很想堅持下去，比方說再跑一次短跑，但這種個人英雄主義的想法其實相當不智，因為當你一再消耗自己，只會摧毀自己。停頓下來，意味著你必須有能力繼續完成上次未完成的鍛鍊。你明天能達成的成績，或多或少會受到你今天展現的節制所影響。

這項策略適用範圍很廣，絕非僅限於運動。舉例來說，許多給寫作者的建議，是在寫到最後一句的時候打住，在還處於心流狀態時中斷寫作，下一次寫作就更容易進入寫作的節奏。你可以試著這樣練習：

- 思考在你的人生中，曾經因為缺乏耐心而引發哪些問題，也許是受傷、生病或感到倦怠。

● 也許你還是想做你習慣做的事情，那麼告訴自己「還剩一次就停下來」，而且每天都要記得這樣做。

要做到「還剩一次就停下來」需要紀律。過程中，還需要信心，要相信自己只要保持耐心、適時克制，透過持續努力，終究會累積相當的收穫。《英國運動醫學期刊》（*British Journal of Sports Medicine*）發表的研究顯示，大多數的運動傷害之所以發生，是因為運動員太快增加訓練量，而避免運動傷害的最佳方式，是長期緩慢的累積訓練量。訓練要是太劇烈，例如你這個星期的訓練量超出平常訓練量的兩倍，亦即超出過去四週的平均訓練量，那麼你受傷的機率，將遠高於略微增加的訓練量與訓練強度。[25]

至於增加多少訓練量最為適當，是科學研究要探討的問題，但重點是，任何一天的訓練量，都不應該超過過去一個月的平均值太多。我輔導過企業高層客戶，也運用同樣的原則在工作上。當我們一下子做太多事情，或是以為自己的產能突然暴增，往往過一陣子就會出現倦怠的症狀。

即使如此，還剩一次就停下來，仍然是大多數人很難做到的事情，尤其是對於生性積極的人來說。我過去的運動傷害以及創作過程中出現停滯期，絕大多數都是因為忽略這種練習。簡單來說，我真的明白這個道理，但我還是做不到。後來我發現找同事與朋友一起互相監督，效果會很好。

我們不妨學習長跑紀錄保持人基普喬蓋的思考：進展是一點一滴慢慢累積的。如果你很容易沉溺於當下的興奮與速度之中，把目標訂得太高，到頭來卻只落得沮喪或覺得倦怠，就把「**進展是一點一滴慢慢累積的**」這句話，貼在你的工作環境中，無論是辦公室、藝術創作者的工作室、教室，或是家中的健身房。

練習⑫ 不攜帶手機

在第三章，我們討論過擺脫數位裝置之類的干擾，就能刻意創造專注的時間。你也可以練習在日常生活的活動中，不攜帶手機與其他數位裝置。例如，先將手機留在車上，再進入雜貨店。萬一結帳時必須排隊等候幾分鐘，你就不得不練習發揮耐心。不過許多人做這項練習時，腦中時常會出現兩種常見的聲音：

1. 不帶手機，這太簡單了吧，需要刻意練習嗎？
2. 我明明可以善用時間吸收時事、查看簡訊或社群媒體，或是確認收件匣有沒有來信，為什麼非得要什麼也不做？

我們知道第一種聲音並不成立，因為維吉尼亞大學的研究指出，很多人寧願接受電擊，也不願意無事可做、空坐等待。而滑手機可比被電擊舒服多了！（或許未來研究者也不妨研究一下，排隊的人倘若沒有手機，但有機會接受電擊，又會做出什麼樣的選擇？）

至於第二項，我認為訓練耐心的效益，遠高於那些未能被我們立刻回應的訊息或沒跟上的時事，而可能付出的「成本」，尤其是閱讀那些所謂的「最新快訊」，其實很可能只是少讀一些包裝成重要資訊的「垃圾娛樂」。

我們在短暫的等待時間不使用手機，就能擺脫追求刺激、新奇以及速度的癮頭，進而擴及生活其他層面。我們愈少依賴新奇與速度，就愈能有意識的決定何時該追求新奇、動作迅速，何時又該按兵不動、放慢速度。

不攜帶手機，就能更專注在當下做的事情。要記住，耐心與臨在是相輔相成的。例如你在雜貨店等候結帳，也許會想到創意的點子。你也可以與收銀員四目相對、互相微笑，社交互動多半對雙方都非常有益。以下也是適合不帶手機，訓練耐心與臨在的時機：

- 幫人跑腿。
- 散步。
- 上健身房。
- 使用洗手間（這個可能不容易做到。笑～）。

當然，你不一定要在以上時機不帶手機，還有很多可能更適合你的時機。重點是，你至少要在日常生活中找出一點時間，刻意放慢腳步，幫助自己從追求速度與層出不窮的新奇之中解放出來。

練習⑬ 3乘5呼吸法

耐心就像踏實感練習的其他原則，是一種需要刻意培養的能力。耐心不是用腦袋想出來的，天底下也沒有所謂的耐心開關。要先有耐心，才能培養耐心。所以，如果你習慣追求速度，喜歡採取權宜之計，那麼對你來說，要培養耐心著實不是件容易的事。

有一種簡單卻有效的練習，那就是經常練習「暫停」。簡單的做法是：閉上雙眼，每次深呼吸五次，每日三次。你可以選擇在從事某些活動時練習，例如吃晚餐前、淋浴前、刷牙前，或是在早上看手機之前做。你唯一要做的，就是專心吸氣，專心吐氣。

這也許是整本書最簡單的練習，但不代表這個練習很容易做到。雖然練習時只需要你暫停一分鐘，但當你習慣追求速度，那麼即使只是短短一分鐘，也會讓你覺得難熬，尤其是當你剛開始練習時，那種感覺彷彿像是過了一世紀那麼久。

如果你才深呼吸兩次，就發現自己焦躁不安或是很心急，只要知道這個問題，再回頭感受呼吸即可，不必責怪自己分心。只要持續做這個練習，一段時間之後你就會慢慢習慣。你也會發現，這種練習對於生活的其他層面也很有幫助，你會體會到伴隨輕鬆而來的開闊與穩定，而不會總是覺得緊繃、焦慮、匆忙。

我先前提過，當你想要更換一種新的模式，或是做出一項重大的改變，就更需要培養暫停的能力。要記住，人類有作為偏誤的傾向，覺得有作為比不作為好。我們通常會問自己「做出改變或採取行動能為我們帶來什麼收穫」，但我們較少去思考「自己需要付出哪些代價」。而短暫的暫停，能幫助我們審慎進行思考。這個問題沒有標準答案，而是取決於你所面臨的狀況。關鍵在於，暫停下來思考這個問題。於是，我們不只學會在當下更有耐心，也能對自己的未來想得更深、更遠。

關於耐心的最後一點想法

我們傾向在速度與耐心之間選擇速度，還有一個原因：速度可以是一種防衛機制。

當我們不停快速前進，遵循個人英雄主義傾向不斷向外看，就能迴避我們內心最懼怕的東西。但日子過得再怎麼忙亂，我們最懼怕的東西還是不會消失。即使再怎麼努力、跑得再怎麼快，也不可能脫離這些恐懼。恐懼總有一天會追上我們。其中，有一種恐懼是所有恐懼的根源，那就是必須面對自己終將死亡的事實。對絕大多數人來說，死亡是一個特別難以面對的恐懼。

古代佛教典籍中有一則寓言[26]，敘述個性強勢的赤馬神（Rohitassa）自認為是英雄。有一次他問佛陀：「您覺得如果速度夠快的話，能不能擺脫這個生與死、苦難與歧視的世界？」

佛陀回答：「不，即使走得飛快，也不可能逃離這個世界。」

赤馬神說：「您說得對。前世的我腳步極快，快如光速。我不吃、不喝、不睡。除了快速前進，我什麼也不做，卻始終無法走到世界的盡頭。到最後，我至死也沒能如願。」

以極快的速度前進，既無法到達我們想前往的目的地，也無法帶給我們力量與穩定。那些所謂的權宜之計、速成法或是錦囊妙計，其實一點也不偉大，何況也很難保證能確實奏效。唯有透過長期、持續穩定的努力，才能為我們帶來真正的突破。

在我們的人生長河中，要做的重要之事有這麼多，而最好的辦法就是慢慢前行，以緩慢但堅定的步伐，堅持走下去。現代科學、古代智慧，到許多成功者經驗一再為我們證明這個道理。我們一旦抱持耐心，長期的成果也會更持久，一路上也會擁有更好的經驗。我們變得較不狹隘，較為開闊，較不匆忙，較為臨在。

從追求速度改為講究耐心，也許需要面對我們內心的恐懼，但這並不是問題。你在下一章會發現，當我們面對恐懼，就會更信任自己，也會更有信心，還能建立與他人的關係。我們勇於接納，敢於探索自己的缺陷，會幫助我們變得更為堅強。脆弱的英文字vulnerability的字根vulnus，意思是指「創傷」。脆弱需要力量；脆弱才會為我們帶來力量。

第五章

原則 4

脆弱

擁抱脆弱，才能發展真正的力量與自信

當我的強迫症症狀剛開始浮現時，我已經是個小有名氣的人力績效專家，許多知名媒體如《紐約時報》、《華爾街日報》（*The Wall Street Journal*）、全國公共廣播電台（NPR）、《富比士》（*Forbes*），以及《連線》（*Wired*）期刊等知名媒體，都發表或引用我的文章。

那是一個特別難熬的夜晚，我收到一位年輕人寄來的電子郵件，他在信中詢問我，是如何在三十一歲的年紀，擁有如此傲人的成就，活出如此精彩的人生。他不知道的是，那一整天，我幾乎都在極度焦慮的狀態之中度過，艱苦對抗腦海中不斷浮現「我的人生根本毫無意義」的念頭。

當時的我，正身陷在強迫症的強大漩渦中：一開始，腦中會莫名出現一個讓人感到痛苦的念頭，然後引發一股強烈的情緒，於是我會開始努力對抗它們，試著把它們趕出我的大腦，但過沒多久，它們總會再度出現，而且一次比一次更加強大。情況就是這樣不斷重複糾纏，形成一個有如惡夢般的惡性循環。

看完這位年輕人的來信，我感覺自己快要崩潰了。我覺得自己像個騙子、冒牌貨，彷彿過著「雙面人生」。別人眼中的我是一名專家與作家，我卻清楚明白，自己的內在其實是支離破碎、一塌糊塗。

我的雙面人生

「雙面人生」這樣的用語或許有些極端，卻是一種相當普遍的感受。這種感受由來久遠，但在現代社會因網際網路與社群媒體而更為強化。人們盡情在網路及社交媒體上「展現」自己，彷彿自己人生的一切都很完美。史丹福大學的研究團隊發現，社群媒體呈現的景象往往太過美好。研究團隊表示，大多數社群媒體使用者會主動過濾要分享的資訊，並且進一步對所分享的影像與事件進行加工，讓它們看起來更美好、更具吸引力。

舉例來說，新手爸媽會在社群媒體分享寶寶的可愛照片，卻隱瞞那些難以成眠的夜晚、批評及指責、與伴侶之間缺乏親密，以及婚姻中所承受的壓力。或是企業界專業人士在LinkedIn發文，談到工作計畫大有斬獲，卻絕口不提一路上的困擾、倦怠，以及人際關係的崩壞。

瀏覽這些選擇性分享的結果，會導致很多人以為別人似乎都過著幸福夢幻的生活，只有自己陷在困境中。這種錯誤的概念導致人們感到困擾，始終覺得自己的生活不夠好，而這又會形成惡性循環，於是人們開始發表愈來愈多經過編輯與過濾的貼文，就連對自己說跟自己有關的事，也是經過過濾與篩選的產物。目的是什麼？其實說穿了，就是為了要跟網路上的親朋好友互別苗頭。當這麼多社群媒體使用者這樣做，使得所有人愈來愈活在虛假的外表之中，不管是發文者與瀏覽者（大多數的人會在同一天扮演這兩種角色）都會因為這樣而心情更惡劣。

這種活在虛假表象的惡性循環，當然不只出現在社群媒體。我們不只在網路世界扮演浮誇的自我形象，在職場、社群活動，甚至連自我對話，都傾向於打造一個完美版本的自我，因而造成心理學所謂的**認知失調**（cognitive dissonance），亦即你所營造的自我形象，與真實的你並不一致。

社會學家厄文・高夫曼（Erving Goffman）在一九五九年的著作《日常生活中的自我呈現》（*The Presentation of Self in Everyday Life*），提出所謂的「前台」（front stage）與「後台」（backstage）的自我。高夫曼認為人生就像是一齣戲，我們在社交場合或是想欺騙自己的時候，會呈現出前台自我；前台自我通常帶有表演性質，彷彿我們扮演特定的角色給觀眾看。至於後台自我，則是我們卸下面具時所呈現的自我，我們不再扮演某種角色，不再在意別人的看法，也不再以某種武斷的完美標準或是虛假的個人英雄主義標準衡量自己。

高夫曼認為，前台自我與後台自我並不是二元對立，大多數的人類行為是介於這兩種極端之間。但一個人若是花太多時間扮演前台自我，尤其是前台自我與後台自我所扮演的角色差異太大，往往就會遭遇困擾。

我的人生已經夠讓我煩惱了，再也不需要更多困擾了，所以我收到那封詢問人生成功祕訣何在的電子郵件後，立刻決定公開我的強迫症經驗。我的動機是否在幫助跟我一樣默默受苦的人？當然，這是一部分原因，但最重要的是，我希望我的自我認同能保持一致。我在《戶外活動》寫了一篇長文，將自己的生病經驗全盤托出，毫無保留。不過這篇文章後來被刪減了一大段，因為我的編輯擔心，獨自與心理疾病搏鬥的讀者閱讀那些段落，可能會有不良影響。以下是刊出文章的部分內容：

十月份，我在一趟漫長的車程當中，遭遇極為難受的一刻。我不停被「你應該自己撞車，自我了斷。你的家人沒有你，照樣會活得好好的」的念頭打擊。這個莫名出現的念頭如影隨形跟著我，讓我無處可逃。然而在我的內心深處，其實沒有自殺的念頭。我有足夠的自我覺察，知道這些思想與感覺沒有道理。我知道自己願意付出除了生命以外的一切，只為換取這種永無止盡的痛苦。

實在太痛苦了。那次開車是我人生中最煎熬的四小時。後來的幾天，我滿懷恐懼，不敢踏進車裡，不敢接近尖銳物品，害怕獨處……我的生活盡在焦慮的魔掌之中。我滿腦子只有焦慮，裝不下別的東西。直到現在，我有時候還是這樣……

要接受一種戕害心智的疾病並不容易。即使肉眼看不出身體哪裡受傷了，我們還是很容易指出「我的小腿拉傷了」，或是「我的腳跟疲勞性骨折」。然而，當我們無力控制自己的大腦，始終無法停止去想「我」究竟是誰，這種受傷卻很難對別人言說。身為人力績效「專家」的我，卻遭受這樣的困境，實在是一件令我難以接受的事。有時候，我覺得自己像個騙子、冒牌貨，既脆弱又恐懼。✦

對我來說，寫出並發表這篇文章當然不是件輕鬆愉快的事，但這比起繼續覺得自己像個騙子要來得輕鬆多了。後來，這篇文章很快成為我的專欄點閱次數最多的文章，我收到幾百封電子郵件，許多讀者與我分享他們的心理疾病歷程，其中包括許多知名的專業人士。（這件事也讓我知道，每一個人都可能會面臨挑戰，遭遇艱難的生命黑暗期。）我的本意並不是要寫出高人氣的文章，我只想做真實的自己，也真實的對待別人。我希望透過書寫，誠實的談談自己的強迫症病情，擺脫分裂人格帶來的困擾，緩解認知失調的不適，縮小前台與後台自我之間的差距，讓我的強迫症可以稍微獲得治癒，即使是一點點也好。

在這段難熬的日子裡，我學到重要的一課：我不能再繼續拚命的實踐個人英雄主義，幻想著做出天下無敵、舉世無雙的成果。我只要做自己就好。

踏實的第四項原則，是脆弱。

脆弱的意思就是對自己坦誠，也對他人坦誠，甚至不惜正面迎戰自己的弱點與恐懼。脆弱向來是佛教、斯多噶主義、道家這些傳統思想的一部分。這些傳統思想的共同點，是強調深入探索你的內在經驗，接納好的、壞的、美的、醜的。這些傳統思想告訴我們，面對自己的脆弱，就能更認識自己，更信任自己，也能與他人建立親密、具有養分的關係。

十三世紀的神祕主義者埃克哈特大師告訴我們，你自以為的弱點，其實是你的強項；你自以為的強項，其實反而是你的弱點。在接下來的內容中，你會發現愈是願意努力去解決，愈是願意接納，愈是願意分享自己的脆弱，你就會變得更加堅強與踏實。或許我們不妨把脆弱當成裂縫，想填補裂縫，就要面對裂縫，而且必要時還要勇敢的予以揭露。

✦ 見：Brad Stulberg, "When a Stress Expert Battles Mental Illness," Outside, 2018年3月7日。

學會信任自己

接納自己所有的經驗並不容易，有時候甚至很恐怖。發現自己有地方有瑕疵、很脆弱，心裡會很難受。休士頓大學學者布芮尼・布朗（Brené Brown）在著作《做自己就好》（*Braving the Wilderness*）寫道：「我的研究總共得到超過二十萬筆資料，找不到一個沒有脆弱就能有勇氣的例子……你能想到有哪一個發揮勇氣的時刻，是與風險、不確定性，還有展露情緒無關？」[1]但布朗也說，你愈是熟悉脆弱，愈能接納你的脆弱，人生就會愈美好。布朗的研究證明，接納自身的脆弱，能增加自我價值感、建立親密關係（包括與自己的親密關係），有助於個人創新，也能提升同理心。況且，我們其實別無選擇，只能接納自身的脆弱，至少如果想過著滿意的生活，就必須接納脆弱。

幾年前，我去聽詩人哲學家大衛・懷特（David Whyte）演說。散場之前，我在筆記本寫下這段話：**你在乎的事情會讓你脆弱。你在乎的事情會讓你心碎**。

「在乎」可不是件容易的事，無論你在乎的是一個人、一個人生目標或一場運動比賽。事態發展往往未能盡如人願，還會隨著時光流逝而持續變化。孩子長大離家、到了強制退休的年齡、身體開始逐漸衰老、輸掉一場重要比賽、計畫化為烏有、相互廝守幾十年的伴侶離世……世事就是如此。

該如何面對這樣的人生？一種最常見的防衛機制就是阻止自己在乎。與其付出所有，還不如輕鬆度日。封閉自己的心，將內心最深處與外在世界徹底阻絕。也許這樣一來，痛楚就不會如此深刻，但同時也沖淡生命中的喜悅，因而錯失許多豐富的經歷。想要擁有完整而充實的人生，我們需要脆弱。正如懷特寫道：

脆弱並不是一種弱點、一種短暫的微恙，也不是我們所能選擇不要的東西。脆弱是我們基本的自然狀態，一種一直都在、無法避免的暗流。逃避脆弱，就是逃避我們本性的本質。[2]

無論有多難，只要停止奔忙，你就再也不會對自己的任何一部分感到陌生。你會開始了解你的全部。而了解自己的全部，就能信任自己的全部。信任自己的全部，就能擁有真正的力量與信心。詩人萊納．瑪利亞．里爾克（Rainer Maria Rilke）寫道：「我想展露。無論身在何處，我都不想一直隱藏。因為隱藏的我就是一個謊言。」[3]

有抗拒、壓抑、欺騙的地方，就有脆弱，你的地面就有未填滿的裂縫。我們在第二章討論過，我們所壓抑的東西往往會變得更強大，哪怕是一直隱藏在表面之下。但我們不可能永遠壓抑這些真實存在的東西。它們終究會浮現，進而動搖我們的核心。

脆弱對每個人都有好處

二〇一七年十一月五日，NBA的克里夫蘭騎士隊出戰亞特蘭大老鷹隊。上半場結束時，克里夫蘭騎士隊以四十五對五十四的比分落後。克里夫蘭騎士隊的大前鋒凱文．洛夫（Kevin Love）當時二十九歲、身高六呎八吋，在上半場表現平平，只拿下四分，搶下四個籃板，遠不如平常的表現。洛夫覺得自己的狀態不好，但他不知道問題出在哪裡，那天晚上的他相當反常。

下半場一開始沒多久，克里夫蘭騎士隊（Cavaliers）教練泰隆．魯（Tyronn Lue）喊出暫停。洛夫走到板凳席，喘到不行。他突然覺得口乾舌燥，心跳直線上升。他搞不清楚是怎麼回事，逕自下場跑進更衣室。他感到痛苦極了，仰躺在訓練室的地上，喘著氣，覺得自己要死了。對於後來發生的事情，他的記憶很模糊。球隊人員火速將他送往克里夫蘭醫院（Cleveland Clinic），醫療團隊為他進行詳細的檢查。結果發現沒有異狀。是的，洛夫鬆了一口氣。但他的心情卻是困惑大於輕鬆。剛才到底是怎麼一回事？

洛夫後來得知，當時的他是嚴重的「恐慌發作」。恐慌發作在醫院門診是一種相當常見的精神疾病。根據《一般精神病學》（*Archives of General Psychiatry*）期刊發布的研究顯示，二二．七%的人在人生某個階段會歷經恐慌發作。[4]大多數恐慌發作的人，最初幾天過得很糟，然後就重返日常生活。但也有少數人會形成長久的焦慮，此外，還有一八%的美國成人患有焦慮症，二%至四%的美國成人患有更嚴重的焦慮症。[5]

洛夫很擔心自己會陷入嚴重的焦慮症。他在網路平台「球員論壇」（The Players' Tribune）上寫道：「我不能把發生過的事情埋在心底，勉強前行。有一部分的我很想這麼做，但我還是不能不理會自己曾恐慌發作，還有導致恐慌發作的根本原因。我不想等到以後，也許是焦慮症狀更嚴重了才去處理。這一點我很清楚。」[6]於是，洛夫做了當時的NBA硬漢從未做過的事。他面對自己的脆弱，向治療師求助。

一開始，他也對治療有些存疑，但很快的，他就體認到治療的價值。他寫道：「我發現很多問題，其實是來自我們長久忽略、必須要認真探索才會發現的地方。我們常以為自己很了解自己，但把自己一層層剝開，就會發現原來不知道的東西還有那麼多。」經過治療，他才發現祖母卡蘿的過世對他的影響如此之深，也才知道他始終壓抑著這些情緒。

在洛夫的成長過程中，是卡蘿一手把他拉拔長大，對他的人格養成扮演重要角色。

卡蘿於二〇一三年去世，當時的洛夫是顆冉冉上升的ＮＢＡ新星，忙於在賽季之中南征北討，幾乎沒有時間消化失去祖母的悲痛。洛夫說，當時面對祖母過世的過程，他感到「可怕、尷尬又困難」。而如今，他愈是探索痛苦與複雜情緒之地，愈是探索他最恐懼的地方，就感覺心情愈穩定。他寫道：「我必須強調，此刻的我並不是已然了解這一切。在了解自己的艱辛道路上，我才踏出第一步而已。二十九年來，我一直迴避這件事。現在我要真誠對待自己。我要面對人生當中的難堪事，但也要享受好事，心懷感恩。我想擁抱生命的一切，無論好壞，不分美醜。」

並不是只有洛夫這樣想。他在網路上分享恐慌與焦慮經驗的一個月前，當時在多倫多暴龍隊（Toronto Raptors）擔任得分後衛的德瑪爾・德羅森（DeMar DeRozan），在即將登場的美國職籃聯賽全明星賽先發登場兩天前，於午夜發送一則推文：「我被憂鬱打倒……」[7]這名二十八歲的優秀球員素來以個性含蓄、內斂聞名，在他寫下這六個字後，開始在社群媒體上向世人公開他的心理問題。他向《多倫多星報》（*Toronto Star*）表示：

> 憂鬱這種事情該怎麼說呢。無論我們表面上看來多麼堅不可摧，說到底終究還是凡人。我並不是反對憂鬱，也不以憂鬱為恥。在我這個年紀，我知道有多少人都為憂

鬱症所苦。就算只是有人想：「他得過憂鬱症，現在還可以那麼成功。」我也覺得很好。[8]

德羅森是在自己處在最黑暗、最孤獨的憂鬱症時期，勇敢面對自己的困境，也鼓勵其他人像他這樣做。他與洛夫藉由探索自己的弱點，幫助自己變得更強大。

面對恐懼

在希臘神話中，牧神潘恩（Pan）住在安全區與村莊的邊界之外。[9]每當凡人不小心驚擾到他，他就會感到恐慌、害怕。於是他為人類注入「驚慌的」情緒，讓人們即使受到一根小樹枝斷裂的聲響、一顆小石頭落地、地上的小洞，或是突如其來的一陣風這些最微不足道的小事物，也會恐懼到無法動彈，終至死亡。但是對於那些主動走向潘恩、對他敬拜的人們，潘恩則會賜與財富、健康，以及終極的贈禮「智慧」。這個故事意味著，每個人的心中都有一個牧神潘恩。只要不再逃避，學會面對，就能增長智慧。

莎拉·芭瑞黎絲很清楚這個道理。二〇一四年，已經發行四張專輯、擁有數首熱門單曲的她，開始感覺倦怠。她決定暫時放下流行音樂巨星的身分，離開錄音間，回到她的初衷，心無旁騖的創作。在這段期間，她擔任音樂劇《女侍情緣》（*Waitress*）的詞曲創作人。《女侍情緣》於二〇一六年春季在百老匯首演並大受好評，芭瑞黎絲也獲得「東尼獎」（Tony Award）最佳原創音樂入圍。後來她說，遠離壓力源以及置身在流行音樂產業的高峰與低谷，專心埋首於音樂劇的創作，不僅重新點燃她對於創作的熱愛，也給予她探索自身脆弱的空間。

二〇一九年，在完成音樂劇創作之後，她推出首張錄音室專輯《混亂之間》（*Amidst the Chaos*）。在這張專輯中，芭瑞黎絲單刀直入的諷刺當時美國政府與社會亂象，專輯收錄的每一首歌曲主題，都是思考如何在騷動與混亂之中，擁有完整踏實的人生，以及如何在人生的眾多風暴中，保持不可撼動的堅強。專輯推出後不久，芭瑞黎絲在全國公共廣播電台告訴大家，創作《混亂之間》讓她感到前所未有的脆弱。為了創作這張專輯，她必須以自己不習慣的新方式作詞作曲、彈鋼琴和演唱。而有別於她過往的作品，這張專輯收錄的許多首歌，刻畫的是她自己對抗焦慮、恐懼與悲傷的歷程。

芭瑞黎絲在電台節目中真情流露說道：「在我的內心深處，並不覺得像是有什麼東西太接近黑暗。我覺得我們不應該懼怕真實，當我們離真實愈近，就不會覺得那麼可怕。」[10]她告訴聽眾，當她愈「願意分享她最深層、最黑暗的經歷」[11]，就覺得更貼近自己的作品，也更貼近自己。

面對心中的牧神潘恩並不容易，卻能幫助我們獲得智慧與內在的力量。

擺脫冒名頂替症候群，迎向真正的力量

洛夫、德羅森及芭瑞黎絲的故事告訴我們，沒有人是完美的，即使是那些看起來堅不可摧的成功人士也一樣。每個人都只是盡力而為，而且常常還是隨機應變。

因為從事企業教練工作，我有幸與各行各業的頂尖人士合作。然而，我常覺得自己並不能解答所有問題。記得我剛踏入這一行的時候，非常擔心這個問題，甚至擔心到感覺自己有「冒名頂替症候群」（impostor syndrome）。我記得我在與客戶會面的路上，心裡想著：**我能教這個人什麼呢？等他們秤出我的斤兩，摸清楚我的本事，我就慘了。**可是隨著時間過去，我逐漸學習到一個道理，這同時也是我現在仍在體會的道理：誰都無法解答所有的問題，我的諮詢對象也一樣。

如果你遇到自稱什麼都懂，或是表現得像是什麼都懂的人，最好快逃。自信爆棚、胸有成竹的人看似強者，其實往往是弱者。為什麼？因為當他們的模式、世界觀或是自我感知一旦被某人或某件事推翻，他就會感到如天翻地覆的崩潰。不願意面對自身的脆弱，在

自己與他人面前偽裝成有自信的樣子，鐵定會染上冒名頂替症候群，因為你內心深處很清楚，你的強大是裝出來的。

承認自己並非無所不知，並非總是井井有條，反而會讓你更堅強、更踏實，也會更強大、更自信。有些社會科學家將這種矛盾的現象稱為「**理智謙卑**」（intellectual humility），亦即承認自己的局限，不會太在意自己一定要成為最好，或是一定要比別人強大，反而能增強自信。想擁有理智謙卑，必須積極了解自己的盲點，以及察覺到自己的弱點。擁有理智謙卑，就會獲得更好的自我覺察、洞察力，也更能接受新觀念。[12]從謙卑的角度出發，就能得到更強大、更有彈性，也更完整的自我感知。

一個脆弱且謙卑的人，不僅會更有自信，能夠更親近自己，還能更親近別人。洛夫與德羅森放下個人英雄主義的重擔，分享他們恐慌、焦慮、憂鬱的故事，繼而收到來自世界各地的球迷與支持者成千上萬封的來信，為他們加油打氣。後來，其他ＮＢＡ球員也開始分享自己對抗心魔的過程，ＮＢＡ內部隨即展開一場心理健康運動，並在全美推出電視廣告，倡導面對心理健康問題的重要性，同時實施新規範，要求每一個ＮＢＡ組織必須設有一名心理健康專業人員。

後來，芭瑞黎絲以她傾盡心力創作的專輯《混亂之間》中的單曲「誠實聖人」（Saint

Honesty）贏得她的第一座葛萊美獎。這首單曲幾乎像是她的心靈告白，難怪能引起無數聽眾的共鳴。她在回憶錄《聽起來像我》（*Sounds Like Me*）中寫道：「當我分享內心真實的痛苦與脆弱，也同時建立起與其他人連結的管道。」[13]

這些故事帶給我們的啟示相當明顯。當我們向他人展露自己的脆弱之處，剛開始可能會讓我們覺得軟弱、寂寞與孤單，但終究會收穫更多的力量、信心與連結。

建立與他人之間的信任

獨自承擔自己的脆弱，往往會讓我們感到不可承受之重，是的，這**確實**是生命中不可承受之重。人類是脆弱、有缺陷的。從打娘胎出生到死亡的那一天，我們始終處於一種尷尬的緊繃狀況：明明是獨立的個體，卻渴望能得到愛，與他人建立連結，被群體所接納。我們期待保有個體獨立性，但又希望能與社會連結、獲得他人的協助，或許這正是人類演化出「與他人分享自身脆弱」這項能力的原因。

對此，科學家提出「脆弱人猿」（vulnerable ape）假說，內容是這樣的：人類在數千年演化過程中，天擇的特質並非是體能或力量，而是脆弱、同情等與社會連結有關的特質。也就是說，我們的祖先並非是最強壯的群體，而是最能與他人分享自身弱點、與他人合作以克服這些弱點的群體。據說這些「脆弱人猿」後來演變成智人，也就是我們。[14]

也就是說，表達脆弱的能力已經完全內建在我們體內，我們隨時都能立刻展現自身脆弱。人類嬰兒出生還不到一小時，就懂得挪動頭部，與母親四目交會。出生兩三天的嬰兒，聽見母親的聲音就能試著回應。[15]當我們還是個無法照顧自己的嬰兒時，就是用各種方式展現自身的脆弱，與我們的照顧者進行交流。脆弱，正是我們得以存活下來的關鍵。

脆弱也有助於成年後的我們與他人建立連結，它始終是我們建立親密關係的工具。德國曼海姆大學（University of Mannheim）的研究團隊進行一系列七項實驗，以成人為研究對象，要求他們以不同程度的脆弱，與其他研究對象分享關於自己的資訊。研究團隊屢次獲得同樣的發現：分享資訊的一方會覺得被對方視為軟弱。但事實上，聽取資訊的一方卻是完全相反的感受，當分享資訊的一方愈是脆弱，聽取資訊的一方就愈發覺得此人很勇敢。也就是說，對於聽取資訊的人而言，脆弱顯然是一種正面的特質。

曼海姆大學研究團隊寫道：「表白愛意、尋求協助，或是為某項錯誤負責，只是展現脆弱的少數例子。很多人卻因為恐懼，而不願這樣做。」研究團隊進一步指出，這是錯誤的。「某些展露脆弱的行為會讓我們覺得是一種軟弱，但我們的研究結果發現，對於其他人來說，這些行為看起來更像是一種勇敢。展現脆弱有助於提升關係的品質、健康，以及工作表現（增進信任與連結，更了解他人，以及犯錯之後得到寬恕），所以，我們應該盡力克服內心的恐懼，學會在脆弱情況的混亂中看見美麗。」曼海姆大學研究團隊將他們的研究結果命名為「美麗混亂效應」（the beautiful mess effect），倒也十分貼切。

多數人在內心深處並不喜歡假裝自己擁有一切，時時刻刻一直演下去非常累人。當你卸下偽裝、展現真實自己，其他人不但不會覺得你很軟弱，反而會鬆一口氣。他們會想：「**總算遇到不假裝的人了，這個人比較像我。**」這也讓他們擁有自信與自由，不再因為假裝完美而累壞自己，反而可以漸漸展露自己的不完美。當這種良性循環逐漸擴大：一個人展露脆弱，另一個人也效法，就會在人群中建立緊密的關係與信任。如此看來，脆弱不僅能卸下你的束縛，還能卸下你身邊的人的束縛，進而獲得更多自由與信任，促進更優質、更有養分，也更有效的關係。

諷刺的是，我們為塑造個人品牌而耗費大量時間與精力，加上怕被別人看穿而提心吊膽，反而成為建立深度人際關係的最大障礙。在科學研究人員提出「美麗混亂效應」之前，道家早已洞悉脆弱所帶來的強大社交效益，老子在西元前四世紀時就告訴我們：「天下莫柔弱於水，而攻堅強者莫之能勝」。[16]

脆弱與表現

哈佛大學教授艾美・埃德蒙森（Amy C. Edmondson）率先發表研究證實，無論在哪一種領域，表現最好的團隊全都展現她所謂的**心理安全感**（psychological safety）。團隊成員若是覺得能展現、發揮全部的自我，不必擔心負面後果，就能擁有心理安全感。埃德蒙森的研究對象是從醫療體系開始，她發現團隊成員間相處得愈自在，發現問題時就愈能勇於發言，進而避免團隊走向致命的錯誤（想像一下：護理師或是醫師助理能夠質疑外科主任的畫面）。

後來，埃德蒙森將研究範圍擴及其他領域，她發現擁有心理安全感的團隊，成員之間相處得更融洽，更能克服難關，溝通也更為順暢，在衡量各領域品質的通用指標得分上也較高。團隊成員若能彼此尊重、互相信任，也會擁有較穩固的心理安全感。你大概也猜想到了，脆弱也是創造信任與尊重的基本條件之一。[17] 埃德蒙森說：「其實每一個人都很脆弱，只是願不願意承認而已。那該怎麼辦？承認自己的脆弱，就能營造一個安全的環境，讓其他人得以展現自我。」[18]

要做到脆弱並不容易，對於長期生活在警戒狀態下的人來說尤其如此，因為對他們來說，人生中大半輩子都在扮演前台自我的角色，扮演其他人的角色或許還比扮演自己來得容易。相反的，向他人坦承自己的脆弱，雖然會為自己帶來巨大的不適感，但就長遠而言，無論是與自己相處還是與他人相處，都能為我們帶來恆久的自由、信任以及連結，幫助我們邁向更踏實的人生。

下列是幾個能幫助你培養脆弱的練習。請記得，唯有願意面對與探索生命的裂縫，我們的人生才能變得更為堅實。

練習⓮ 培養情緒彈性

請空下一整天的時間，仔細留意你是否經常逃避某些思想、感覺或處境。舉例來說：不想花時間陪伴一位時日無多的家人、害怕在重要會議上公開發言，或是逃避可能讓你感覺孤獨的處境。找到自己想逃避的事物之後，針對每一項你不想面對的思想、感覺或處境，思考下列問題：

- 我所逃避的是什麼？令我感到恐懼的是什麼？
- 這種恐懼的根本原因是什麼？
- 這種恐懼（無論是無關緊要的、對於失敗或失控、時間不夠、窘迫，還是死亡的恐懼）會不會只是人生中無可避免的事情？
- 如果我願意接納這種恐懼，甚至願意向他人訴說恐懼，情況會是如何？
- 在這種恐懼或感受到軟弱的另一面是什麼？我的強項是什麼？我真正想要的是什麼？愛？關係？接納？安全？我能不能追求內心深處真正的欲望？如果同時擁有這一切，同時擁有恐懼、強項、真正的欲望，情況會是如何？
- 我如何運用這種恐懼以及恐懼背後的真正欲望，做出有生產力的行動，加強與自己以及與其他人的關係？

用這種方式研究你的恐懼，能改變你與恐懼之間的關係。剛開始可能很不容易，但久而久之，你就不會再有強烈的衝動，想壓抑或躲開這些恐懼。與其置之不理，還不如仔細探究你的恐懼，讓恐懼引導你得到真正想要的東西。你將更透徹了解自己，也將因此更信任自己，也更有自信。

你也可以培養心理學所謂的**情緒彈性**（emotional flexibility），亦即有能力體驗更多元的情緒，而且比較容易切換情緒，保持自己的優勢。情緒彈性對於擁有睿智且完整的人生至關重要。研究證實，情緒彈性能提升個人表現、幸福感，以及整體生活的滿足感。[19]這並不讓人意外。人類在生活中需要同時擁有多種情緒，還要能巧妙駕馭各種情緒。畢竟，悲傷的另一面是快樂，死亡的另一面是生命，寂寞的另一面是愛與連結。

練習⑮ 問自己真正想說的是什麼，然後試著說出來

戴爾是我輔導過的客戶，他深受冒名頂替症候群所困擾。他剛升上公司要職時，覺得自己應該要展現出什麼都懂、一切盡在掌握的樣子，尤其是在一大群人面前說話的時候。然而在他的心中，卻是緊張又害怕，感覺自己在台上孤立無

援。

我問戴爾：「你覺得我是不是什麼都懂？」（我很快就提醒他，我是一名強迫症患者，他也曾在媒體上得知這項消息。）我再問他：「我坦承自己的脆弱，對我們的關係有什麼影響嗎？」他毫不遲疑說道：「我自從知道你很真誠坦率，對你的信任感就直線上升。因為你是個真誠坦率的人，我可以放心向你傾訴我的不安全感，好比我現在提到的這個問題。」

接下來我問戴爾，他公司裡的幾千名員工會不會也是這樣？如果他們知道戴爾很真誠，會不會比較信任他？如果戴爾做個真誠的人，會不會也比較信任自己？戴爾把我的問題聽進去了。後來，有次當戴爾對著台下一大群人演說時，他在開場說了類似下面這段話：「我不知道我怎麼會拿到這個位子，有時候覺得自己能力不足，但我會全力以赴。我想告訴大家，我會如何全力以赴，也想聽聽大家的意見，讓我、我們都可以更上一層樓。」

戴爾發表這段演說後不久，我們很快又進行一次面談。他告訴我，他從來沒有一次在大庭廣眾之下演講，像這次來得如此自由、輕鬆又自在。他也發現，他的聽眾比以往更專注，也與他更有連結。

如果現在的你意識到自己正努力的假裝、表演或賣力經營前台自我，請先暫時停下來，問問自己真正想說的是什麼。只要想說的話不會傷害任何人，就儘管說出來，至少說一些類似的話。這種方法可以運用在各種情況，例如家人聚餐、小型會議，或是面對幾千人的演說。

這就像書中介紹過的許多練習，剛開始你可能會覺得很困難，尤其是剛開始實踐的時候，但你還是必須鼓起勇氣，說你真正想說的話。你可以逐步展現脆弱，一開始只展露一點點後台自我，再漸漸增加。如此一來，你會漸漸覺得自己更強大，更有自信，也會開始發覺與其他人真誠往來是件更加容易的事。

練習⑯ 提醒自己，每個人都在經歷難關

NBA球星洛夫曾撰文暢談他的恐慌與焦慮，文章的標題是〈每個人都在經歷難關〉。職籃球員德羅森則分享母親常對他說的話：「永遠不要嘲弄別人，

因為你不知道對方當時的遭遇……你不會知道的。」[20]洛夫與德羅森說得對，我也很高興兩位具有號召力的球星，能挺身而出提倡這樣的觀念。

本章提到的研究證實，大多數的人很期待能有機會分享自身遭遇。分享自身的脆弱，比獨自承受來得輕鬆多了。僅僅是向另一人訴說煎熬的念頭、感覺或是事件，心情就能好轉許多，原本覺得難熬的事情，也就變得不那麼難熬，哪怕只是略有好轉。

如果你覺得自己很孤單，提醒自己：你並不孤單。適時展現自己的脆弱，也能給其他人展現脆弱的機會。請記住，不是脆弱來自信任，而是信任來自脆弱。

如果你向別人表露心聲，卻沒得到好的回應，也不必太過介意，去找其他願意傾聽你的人。如果當面展現脆弱對你來說壓力太大，那就從電話、簡訊、電子郵件或是手寫信開始。如果你在生活環境中得不到支援，或是你覺得內心的脆弱難以承受，不妨與高明的心理師或教練合作。他們一定能成為你最好的後援！

關於脆弱的最後一點想法

脆弱意味著探究我們覺察到的弱點，以及我們內心最深的恐懼。展現脆弱非常不容易，所以我們才會習慣將自己的心武裝起來，讓自己的靈魂變得冷酷。我們以為這樣就能讓自己更強大，可是這麼一來，非但不會變得更強大，反而會更加軟弱與脆弱。因為我們沒有徹底認識自己，就不可能徹底信任自己；我們不能徹底信任自己，就不可能堅強、自信、踏實，至少不能如實做到。

展現脆弱也有助於提升我們與他人之間的信任，但展現出來的脆弱必須是真實、自然的，而不是表演出來的。你要與他人分享的，並不是你工作超時，也不是你有時候熬夜晚睡，而是你生命之中經歷過最大的困難：你罹患憂鬱症、你失去一個孩子、你經歷過離婚、你非常在乎的工作卻以失敗告終、你很怕生病、你很怕死……

分享脆弱，需要找到適當的時機與場合。當你第一次見到某人，或是新工作才開始不到一週，大概不是分享脆弱的理想時機。但沒找到合宜的時機，不代表應該表達自身脆弱時可以選擇逃避。人生太短暫，沒有時間浪費在假裝上。你必須真實的對待自己，真實的對待他人，哪怕是循序漸進的做也很好。在這些因脆弱而來的不安與恐懼的背後，同時也有信任、力量與自信，還有愛與連結。

脆弱是通往連結的管道，而連結能夠維繫脆弱。連結也能維繫接納、臨在以及耐心，為我們建立一個具有支持力量的環境，幫助我們安然度過生命中的高低起伏，邁向踏實人生。連結，就是我們要討論的下一個踏實人生的原則。

第六章

原則 5

連結

建立深度社會連結，擁抱安全感與歸屬感

美國加州費爾頓（Felton）的極相紅杉林，是一道令人讚嘆的美麗風景。這些高聳的紅杉高達六十公尺，樹幹直徑可超過二．五公尺。有趣的是，支撐這些巨大紅杉的樹根，深度竟然只有一．八至三．六公尺。而且樹根並非往下生長，而是向四周延伸數百公尺，並與鄰近樹木的根彼此交纏。即使遭遇極端惡劣的天氣，這一大團緊密纏繞的樹根，讓紅杉依舊可以各自昂然挺立。

從紅杉身上，我們能夠學習到很多事：我們也應該讓自己成為廣大社會網絡中的一分子；我們也是在群體中成長茁壯；當我們置身在緊密連結的社會群體關係中，才能擁有最為踏實的生活。

我是個幸運的人，在二十幾歲時就親身體驗到這個道理。當時的我已經展開職業寫作生涯，大多數時間都在家工作。我很高興能做自己喜歡的工作，但在內心深處卻有點不太對勁，覺得似乎少了些什麼。我感到孤獨，但當時的我覺得自己不該有這種感覺。

生活在數位科技日益發達的時代，我們能夠隨時隨地聯繫親朋好友與工作夥伴，享受前所未有的便利。我經常和住在尼泊爾山區的朋友用臉書互傳訊息；用推特與世界各地的專家討論我的寫作主題；還在電子郵件群組中與一批傑出的友人深度交流；在步行前往咖啡店的路上傳簡訊給家人。如今，只要動動手指，我們就能聯繫生命中所有重要的人，無論從哪個角度來看，我與其他人一直維持著緊密的連結，至少我當時是這麼想的。然而，有時我依舊會感到孤獨，雖然沒有到情緒低落的程度，但總覺得不太對勁。

這種感覺不只發生在我身上。心理學家約翰・卡喬波（John T. Cacioppo）是以科學方法研究孤獨感的先驅，他發現美國人感到孤獨的比例，在過去幾十年來增加三倍，從一九八〇年代的一一%，一路攀升至二〇一〇年的四〇%左右。[1]另一項由美國退休者協會（AARP）以及哈里斯民意調查（Harris Poll）所做的研究發現，三〇%至三五%的美國人經常感到孤獨，七二%的美國人偶爾感到孤獨。[2]信諾保險集團（Cigna）在二〇一八年進行的一項調查顯示，五〇%的美國人表示自己感到孤獨。[3]

孤獨是一種主觀的感受，相較於外向者，內向者可能不需要那麼多的社會互動也能維持愉悅心情。因此，卡喬波等心理學家為孤獨下一個廣義的定義：渴望擁有更多人際連結的狀態。在現代社會中，人與人的數位連結程度堪稱是前所未有的高，但人們感到孤獨的比例卻呈直線攀升，這實在是一個非常矛盾的現象。不過在正式探討這種現象之前，我們先來了解，孤獨感上升為何是一個值得密切關注的課題。

孤獨可能導致壓力激素「皮質醇」（cortisol）升高、睡眠品質降低、心臟疾病與中風的風險增加、認知能力急速衰退、全身性嚴重發炎、免疫功能下降，並產生焦慮及憂鬱的情緒。[4]楊百翰大學（Brigham Young University）研究團隊針對這些現象進行深入研究，追蹤超過三十萬名個案，追蹤時間平均大約七．五年之久。結果發現，孤獨所造成的死亡風險高於肥胖和運動量不足所造成的死亡風險，與吸菸的死亡風險相當。[5]

孤獨對我們的傷害不僅止於個人經驗，更會延伸至我們的情感生活。關係治療師艾絲特．佩萊爾（Esther Perel）認為，在眾多失敗的親密關係中，共同特徵是參與者缺乏更為廣泛的群體歸屬感。她說：「我們要求一個人為我們提供過去由一整個村莊提供的東西，這是不切實際的期待。我們對親密關係抱持過高的期待，最終壓垮了彼此。」[6]人類的確有和特定對象建立親密關係的需求，但同時我們也必須歸屬於更廣泛的群體。在人類演化的過程中，我們必須成為某個群體的成員，才能夠繼續生存下去，也才有可能成長與茁壯。指望有個人可以滿足我們所有需求，不僅不切實際，也絕不明智。

踏實人生的第五項原則，是建立深度社會連結。

個人英雄主義對於高產能、高表現、高效率的無止境追求，會讓原本用於建立親密關係的時間及過程被嚴重壓縮，逐漸喪失與傳統、行業以及親族之間的歸屬感。諷刺的是，這些緊密連結的關係，不僅能讓我們心情更好、讓世界更好，還能讓我們表現得更好。

社會連結是人類的基本需求

知名記者賽巴斯提安・鍾格（Sebastian Junger）在撰寫《部落：關於回家與歸屬感》（*Tribe: On Homecoming and Belonging*）的過程中，發現許多軍人在戰場上比在家裡快樂。這個現象從表面看來令人費解，但軍人在戰場上感受到的歸屬感確實遠遠高於在家中。鍾格寫道：「人類不但不會介意苦難，反而能在苦難中成長。人類真正介意的，是感覺自己沒有存在的必要。而現代社會最拿手的本事，就是讓人覺得自己沒有存在的必要。」[7]

鍾格提出的結論與另一項為期幾十年的研究相符。這項研究主要在探討提升人類動機、滿足感以及自我實現的基本元素。研究的結論濃縮成「**自我決定理論**」（self-determination theory，簡稱ＳＤＴ），主張人類的三項基本需求一旦得到滿足，就能獲得成功。這三項基本需求分別是：

1. **自主**：至少能擁有一些運用自己時間與精力的主控權。
2. **能力**：亦即在我們選擇的追求上，能有實質的進步。

3. **關聯**：也就是一種連結感與歸屬感。

如果這三項基本需求的一項或一項以上得不到滿足，我們的健康及幸福就會受到損害，倦怠率也會因而升高。研究結果證實，人們常以為自己可以獨力生活，然而事實上並不可行，至少無法長久；即使可行，生活品質也不盡理想。[8]

人類是群居性的動物，具有溝通與合作的能力，這是人類最大的競爭優勢之一。在數千年前的大草原上，緊密群居的靈長類與早期人類所具有的優勢，遠遠超越並未緊密群居的同類。久而久之，演化偏好運作良好的團體，以及有能力參與這些團體的個人。科學家將這種過程稱為「**團體選擇**」(group selection)。

演化心理學家強納森．海特（Jonathan Haidt）認為，我們是因為團體選擇，才得以發展出所謂的「社會本能」(social instincts)。舉例來說，一個獨力生活的早期人類，在飢荒期間很有可能遭到獵殺或活活餓死；但如果生活在群體之中，就能互相保護、彼此扶持、共享資源，大幅提升存活的機率。[9]

研究證實，即使在現代，我們的靈長類祖先若能成為群體中的一分子，依舊能夠擁有強大的優勢。加州洛杉磯大學在二〇〇三年發表的一項研究發現，從狒狒媽媽的社會整合與歸屬程度，可以預測狒狒寶寶存活的機率。[10]二〇一〇至二〇一四年發表的研究更發現，緊密的社會連結不僅能延長狒狒寶寶的壽命，還能延長狒狒媽媽的壽命；孤立的狒狒不僅罹患疾病的機率較高，而且經常展現類似人類感到痛苦時會出現的行為。[11]

綜合以上結論，群體歸屬感顯然並非可有可無，更不是我們生活中的附加元素，而是人類為了生存的必需品，更是我們得以順利成長與發展的關鍵。群體歸屬感早就已經銘印在我們的DNA之中。

身兼心理學家、社會學家與哲學家的佛洛姆，在一九四一年出版的《逃避自由》（*Escape from Freedom*）中寫道：「全然孤獨與孤立的感受會引發心理崩潰，如同飢餓會引發死亡。」他還特別指出，一般人以為人際連結指的是身體上的互動，但未必如此。「人與人之間的連結，未必僅止於身體上的接觸。一個人可能獨自生活很多年，但他的思想、價值觀依然與社會模式有關，從而獲得社會性的交流感與歸屬感。相反的，一個人可能每天生活在人群之中，卻感受到全然的孤立。」[12]

接下來，我們將探討讓人感到滿足的兩種關鍵動力，分別是「內在的歸屬感」，以及「與他人適當的外在接觸」。這兩種動力會彼此互補與強化，建立起我所謂的**深度社會連結**，創造出更深刻、更堅定的踏實感。

會自行累積的孤獨感與社會連結感

之前我們曾提到卡喬波的研究證實，與他人建立連結，不但會感到愉快，也能感到安全。同樣的道理，當人處在孤立時，不僅心情會低落，也會感到不安全。單獨一人的你也許人身安全無虞，但在此同時，經過幾千年演化所形成的身心系統會開始發出警訊，所以孤獨會造成壓力激素增加、血壓上升、睡眠品質下降，與焦慮所引起的生理反應非常相似。

伴隨孤獨而來的生理不適感，無論是在今日或在幾千年前，有著完全相同的功能。它是一個本能性的信號，提醒我們應該要與他人連結。對現代人而言，這樣的不適感意味著，是時候該拿起電話打給朋友、安排一些社交活動，或者至少走出家門，到公共空間去晃一晃。但對於一個長期孤獨的人來說，同樣的不適感卻可能引發相反的效果，促使當事人封閉自我，變得更加孤立。[13]

為什麼？原因很簡單，當你長期處在孤獨狀態，會更容易感受到外在威脅。讓我們回想一下人類演化的歷程，如果你孤單一人，維護安全的責任就落在你一人身上，你就得經常留意危險的跡象，甚至為此不惜犧牲睡眠。當一個人時時刻刻都在擔心自身安危，就很難有餘力對他人有同理心，也就較難與他人建立關係。這又會引發惡性循環，導致自己更加孤獨。

卡喬波曾找來一群學生，透過催眠讓一半學生回憶自己與孤獨感有關的生命片段，另一半學生則回憶自己與社會連結有關的生命片段，然後讓他們進行社交技能測驗。[14]結果發現，在催眠中被強化孤獨感的學生，即使原本性格外向，測驗成績也出現大幅下降，他們在遇到困難時不會尋求與他人的連結，而且傾向尋找內外部環境中的危險信號。至於在催眠中被強化社會連結感的學生，則是傾向與他人建立連結，並在測驗中獲得較好的成績。

卡喬波為了探究孤獨者與神經學的關聯，於是運用「功能性核磁共振造影」（fMRI）技術，進一步研究孤獨者與非孤獨者的大腦差異。[15]當遭遇疑似負面線索時，孤獨者的大腦運作速度不僅遠比非孤獨者快很多，而且更容易將中性線索當成危險信號。換句話說，孤獨者的大腦時時處於戒備狀態，隨時都在搜尋及辨識外在威脅。在這樣的心理狀態下，自然很難與他人建立關係。

值得慶幸的是，已經有證據證明：孤獨感會自行累積，社會連結感也一樣。當你認識更多人、與大家真誠來往，就能提升你的社交技能與信心，原本感到孤獨、總是擔心自身安危的你，就會轉而感覺自己是團體的一分子。隨著你的社會連結愈多，就愈覺得有安全感。於是，你不用再整天擔心自身安危，開始運用與他人交流的能力，交到更多朋友，以及朋友的朋友，不斷擴張你的社交網絡。

在當今個人英雄主義造成的孤獨感爆發之前，古代智慧早就發現建立社會連結的重要性。四世紀的基督教神學家聖奧古斯丁（Saint Augustine）在《懺悔錄》（*Confessions*）第八卷中，談到他皈依基督教的原因，不僅是對於靈性生活的渴望，更是他對於自己所需要、所熱愛的人類群體的承諾。[16]雖然很多人認為聖奧古斯丁的靈性，源自他獨特的內在力量與個人特質，但對他而言，他認為自我必須存在於群體之中才可能變得強大。奧古斯丁在一生中時常強調友誼的意義，他說：「人倘若失去所有朋友，那麼連快樂的能力都一併失去。」[17]他更在一場著名的佈道中說道：「這個世界上，有兩樣東西是不可或缺的：健康的生活以及友誼。」[18]

在更早之前的東方，早期佛教教義就將「三寶」視為人生中三個最基本、最重要的面向：佛寶，代表我們所有人內在的深層覺知；法寶，亦即通往精神道路的指引；僧寶，則是你在這條道路上將會建立起的社會連結。

在現存最古老的巴利文佛經中寫道，佛陀忠實的弟子阿難向佛陀問道：「世尊！能夠結交善友、善朋，善伴，即已完成梵行的一半。」佛陀熱切又堅定的回應他：「阿難！不是這樣的。能夠結交善友、善朋，善伴，即是梵行的全部。」[19]

科技對社會連結的影響

本書一再提及數位科技如何滲透我們的生活，因為這似乎已經是不可逆轉的現象。我認為數位科技為人類的社會連結，帶來兩個彼此緊密交織的困境：

困境一：數位科技讓我們得以不斷追求更高的效率及更好的表現。然而，我們同時被迫承受龐大的壓力，更要付出沒時間與沒精力建立真實社會連結的代價。

哈佛大學精神病學教授賈桂琳・歐茲（Jacqueline Olds）與理察・施瓦茨（Richard Schwartz）在《孤獨的美國人：在二十一世紀飄零》（*The Lonely American: Drifting Apart in the Twenty-first Century*）中指出當代美國人的困境：孤獨感的增加，以及有意義關係的式微。他們認為，造成這種現象的主因之一，是人們愈來愈強調「生產力與忙碌崇拜」，太多人眼光狹窄，花太多時間工作，導致社會連結遞減，導致社會隔離及相關情感疾患增加。[20]

歐茲與施瓦茨的研究，讓我想起詩人哲學家大衛・懷特於二〇〇一年發表的《愛上工作：找尋自尊、獨立、安適、從容》（*Crossing the Unknown Sea: Work as a Pilgrimage of Identity*）。他在智慧型手機成為所有人日常隨身必備用品之前，就已經為我們指出，一心忙於工作而忽略社會連結是很危險的。他寫道：

友誼是人類生活中一種恆常不變的力量，但其功能一直被低估。不斷縮小的朋友圈，是人生出現重大問題的第一個凶兆，將導致人們過度投入工作、太重視專業認同、迷信經過武裝過後的自我人格。然而，即使在最平凡的生活中，也難免會遭遇自然災害與重大打擊，屆時，有誰能對我們伸出援手。[21]

法國社會學家艾彌爾．涂爾幹則早在一八九七年，就於鉅作《自殺論》（*Suicide*）中寫道：

社會不可能自行與個人分離，除非是個人選擇脫離社會生活、將個人目標凌駕於社會目標之上，簡而言之，就是重視個人人格更甚於集體人格。所屬群體的重要性愈弱，個人就愈不需要依賴群體，因此凡事只要靠自己，不再承認與個人利益相衝突的其他行為規範。我們可以將這種過度堅持個人自我而犧牲社會自我的情況稱為「利己主義」，並把基於利己主義的自殺行為稱為「利己型自殺」。[22]

由此我們不難想像，涂爾幹對於現在的個人英雄主義，以及個人英雄主義造成的後果，會抱持著怎樣的觀點。

困境二：許多數位科技帶給我們連結的假象，實際上卻是在侵蝕真正的連結。

我們以為發送推特、貼文、發簡訊、私訊或是寄電子郵件，就是在與他人連結，而且還很有**效率**。然而，這只是一廂情願的想法。你在接下來的內容中會發現，數位連結在某些情況下確實有用，但絕對無法取代現實生活中人際互動的力量。

很多人都為上述這兩個困境所苦。我們受到個人英雄主義影響，承受的壓力與不安全感愈來愈大，於是喜歡一直掛在網上。我們擁有各種功能強大的數位產品，甚至無時無刻隨身攜帶著它們，結果就是：我們一直在工作，不知不覺排擠掉原本應該用於建立社會連結的時間與精力。以我個人的生活為例，下列行為本身並不構成問題，但如果你一不小心讓它們變成日常習慣，就會造成長遠的負面影響：

• 我發現我經常想一個人上健身房，而不是約我的健身夥伴一起去。我知道和健身夥伴一起心情會比較愉快，但一個人去就可以按照自己的時間進行，還能將效率拉到最高，不僅能完成更多運動，受到的干擾也比較少。
• 我通常寧願待在家裡工作，而不是到咖啡店去。因為我不想打亂我的寫作習慣，也不想浪費時間通勤。
• 有時候我明明可以打電話給朋友，或是走出家門與其他人一起做些有意義的事，但我卻只想待在社群媒體的世界中。

最後一個例子特別有意思，社群媒體是相對來說較新近，但影響卻更為普遍的現象，值得研究者進一步深入探討。

數位連結 vs. 實質連結

皮尤研究中心的「社群媒體使用調查」起始於二〇〇五年，當時約有五％的美國人口積極使用社群媒體；到了二〇二〇年，這個比例已經接近七〇％[23]，許多跡象也顯示，這個比例將持續升高，無論你喜不喜歡，社群媒體都是現代生活的重要層面。

近年流行的趨勢，是譴責社群媒體摧毀一切美好的事物，其中當然也包社會連結。然而事實的真相往往更為複雜。莉迪亞・鄧沃思（Lydia Denworth）在二〇二〇年的著作《友誼：生命基本紐帶的進化、生物學和非凡力量》（*Friendship: The Evolution, Biology, and Extraordinary Power of Life's Fundamental Bond*）中寫道：「關於社群媒體與社會連結的研究，目前為止得到的結論相當混亂，科學界仍在各說各話。每當出現一項研究證實使用社群媒體會導致孤獨感增加，就會有另一項研究顯示使用社群媒體有助於增進社會連結。」[24]

例如，主持史丹佛大學社群媒體實驗室的心理學家傑夫・漢考克（Jeff Hancock）進行一項詳盡的後設分析，他整合二〇〇六至二〇一八年發表的兩百二十六篇論文的數據，這些論文的研究樣本數總計高達二十七萬五千人，他希望能一次弄清楚：「社群媒體對社會連結的影響，究竟是有利還是有害？」結果他得到的結論是什麼？答案是「不一定」。漢考克發現，社群媒體會帶來各式各樣的效益與代價。整體而言，社群媒體對於人際關係既無益也無害。[25]漢考克說：「使用社群媒體其實是一種權衡。你付出的代價很小，得到的幸福感也很有限。」[26]

漢考克的研究結果與二〇一九年發表的另一項後設分析研究雷同。這項研究是由牛津大學的安德魯・普西比斯基（Andrew Przybylski）與艾美・奧本（Amy Orben）進行。[27]他們檢視超過三十五萬名青少年的數據，發現使用社群媒體對這些青少年的幸福感幾乎毫無影響。普西比斯基與奧本的研究結果發表之後，立刻登上各大雜誌的標題，因為這項研究指出，「使用社群媒體」與「青少年幸福感」之間的關聯程度，幾乎相當於「吃馬鈴薯」與「青少年幸福感」的關聯程度。[28]

匹茲堡大學進行的一項研究卻得到截然不同的結論。研究團隊以抽樣法對兩千人進行研究，發現無論是增加造訪社群媒體的頻率，或是增加造訪社群媒體的時間，都會提升個體的孤獨感。[29]

在這本書出版之際，有關社群媒體的科學研究仍在起步階段，隨著後續更多研究的問世，將能幫助我們更加了解社群媒體帶來的短期與長期影響。不過就目前來看，專家各說各話的背後，或許正反映著使用社群媒體動機的差異，例如：用社群媒體來擴大社會關係（例如是在線上認識朋友，然後在線下相聚）；尋找具有相同興趣的群體；或是在無法見面的情況下，與遠方的親友保持聯繫，那麼社群媒體對人們來說還是可能發揮正面的效益。✦

相反的，如果你是用社群媒體來取代面對面的接觸或是其他連結方式，那麼它可能會造成負面的效益。就我們所知，親身連結是無可取代的，研究證實臨在與身體接觸，是發展同理心、社會連結以及歸屬感的必備條件。[30]回想自己在遭遇難關時，被人輕拍肩膀所感受到的慰藉，或是他人投以同理眼神時所接收到的溫暖，便不難領會這個道理。

卡喬波說：「如果你將數位連結當成**中繼站**使用，就能減少孤獨感的產生，例如很多年輕人會用臉書約定見面的時間與地點。但如果將數位連結當成**目的地**來使用，就只能繼續任由孤獨感肆虐。諷刺的是，孤獨的人往往會選擇後者，他們通常認為見面不會有好結果而不參加社交，偏好透過數位方式進行互動，希望自己更受歡迎而以非真實的自我進行交流，但這樣做其實無助於減少孤獨感。」[31]

這些研究指出另一個重要課題，那就是社群媒體對社會連結的負面影響。我們看到常常有人透過社群媒體散播陰謀論、假新聞，進而戕害民主政治。我們也看到社群媒體如何激化對立，網路匿名性則是被用來促進不同意見者彼此交流的工具（這是最理想的用途，能夠減少擦槍走火的機率，甚至可能促成進一步的當面交流），但也可能被當成惡意攻擊

✦在你無法親自與其他人相聚時，數位連結也能發揮正面的效益。例如在二〇二〇年新冠肺炎疫情期間，世界各地的人都必須遵守當地的防疫規定，不能與家人之外的人相聚。在這段難熬的日子裡，數位連結工具是互相加油打氣、維繫社會連結的最佳幫手。儘管如此，愈接近親身交流的數位連結方式似乎愈理想，例如：打電話優於傳簡訊，視訊聊天比打電話更好，保持社交距離的戶外聚會則比視訊聊天更理想。

他人的武器（這是最糟糕的用途，很不幸的，也是現今最常見的用途）

此外，如果你試圖跟上每一則新貼文，或是拚命增加轉推數、按讚數、評論數，將社群媒體視為獲得自我認同或與他人相互比較的工具，那麼你將難以擁有長久的滿足或幸福。如果你出現無法暫時離開社群媒體的徵狀，那也可能是一個嚴重的問題。研究證實，若父母一天到晚講電話，嬰兒與父母的關係通常會不盡理想。[32]其實不只是親子關係，如果你跟別人見面時還一直講電話，互動品質勢必大幅下降。

使用社群媒體未必是壞事，但我們應該要明白潛藏在其中的陷阱，秉持著只把它當成工具使用，並且時時保持警覺。有時候，當我看到有些人努力擴張線上社會連結，吸引大批好友及跟隨者在他們的臉書、推特、Instagram、LinkedIn以及TikTok等平台上瘋狂按讚。他們彷彿是個人英雄主義的燈塔，總是凌駕於眾人之上，閃耀著非凡的光芒。

然而，事實上，他們還是十分渴望能在現實生活中建立深度社會連結。原因很簡單，就像之前提到的，他們耗費太多時間在經營數位連結，以至於沒有時間去經營生活中的實質連結。他們缺乏身體接觸與面對面互動所帶來的愉悅感受，而是選擇將時間用來在充滿憤怒言論與零碎訊息的汙水坑中游泳。如同卡喬波說：「如果你唯一能接受的，是那個在網路上的虛假自己，那麼你將無法從網路互動中感受到任何人際連結。」[33]

早在社群媒體問世、卡喬波開始研究社群媒體的危害的幾十年前，佛洛姆已經透過一九五五年的著作《健全的社會》（*The Sane Society*）呼籲大家，不要用**行銷導向**來看待自己。他寫道：

> 一個人若將身、心、靈視為資本，將聰明投資以獲取最高利益視為人生目的，那麼友善、禮貌、仁慈等德行就會變成商品，被包裝成「一套人格設定」，以便在人格市場上賣得更高價錢。當他無法將自己經營成能夠獲利的商品，就會覺得**自己**很失敗；倘若如願獲利，就會覺得**自己**很成功。[34]

可以想見，這種行為模式很容易讓人身陷孤獨與憂鬱。現今的情況更是比佛洛姆那時更加糟糕，在差勁的社群媒體推波助瀾下，許多人為了成為網紅而爭相出賣自己的靈魂。他們真的能夠達成目的嗎？

請務必記得，經歷七萬多年演化而形成的人類天性，讓我們自然會追求與他人建立實質連結與歸屬感，而不只是在線上建立數位連結。事實上，當我們能與人建立深度連結、成為實質群體中的名人，肯定會比成為網路名人更讓人感到滿足。

你往來的對象造就了你

正如我在本章開頭提到的巨大紅杉林，我們透過社會連結穩穩的向下紮根，透過社會連結彼此緊緊的纏繞。研究也顯示，你親眼目睹別人的痛苦，無論是一位朋友的腳趾撞到書櫃、一個無家可歸的人溼淋淋的瑟縮在街角，或是在醫院裡焦急等待的憂鬱臉龐，你有可能因而感受到某種程度的痛苦。[35]美國心理科學學會（The Association for Psychological Science，簡稱APS）將這種現象稱為「你痛我也痛」（I feel your pain）效應。大多數人偶爾會經歷這種效應，而且遭受痛苦的人與你關係愈緊密，效應就愈強烈。這也是我們的演化設定，促使我們幫助群體中需要幫助的人。

荷蘭神經科學家克里斯蒂安・克瑟爾（Christian Keysers）向美國心理科學學會表示：「幾十年來，我們以為當人目睹發生在他人身上的事情時，只會激發大腦的視覺皮質區。然而事實並非如此，我們與行動有關的大腦區域也會被激發，彷彿我們在經歷相同的行動；此外，情緒與感覺有關的區域也會被激發，彷彿我們正與他人經歷相同的感受。」[36]

痛苦並不是唯一會傳染的情緒。超過三十年來，耶魯大學的研究團隊密切追蹤美國麻州小鎮弗雷明翰（Framingham）將近五千名居民，發現一個人的快樂與悲傷，會蔓延到整個小鎮。[37]有趣的是，情緒甚至會在虛擬空間擴散，一項名為「我悲傷你也悲傷」的研究發現，你傳簡訊時若是心情低落，接收簡訊的一方可能也會感染你的負面情緒。[38]《美國國家科學院院刊》（*Proceedings of the National Academy of Sciences*）發布的一項研究證實，臉書貼文也具有相同效果，快樂、悲傷、憤怒之類的情緒會在臉書上以野火燎原之勢快速散布。[39]我相信就算沒有研究證明，我們每個人也都曾經親身感受過上述現象。《動機與情緒》（*Motivation and Emotion*）期刊發布的另一項研究則顯示，即使像是動機之類隱而未顯的態度，也照樣會散播開來。一個人跟一群積極進取的人在同一個空間工作，自己也會變得更為積極；相反的，若是跟一群意興闌珊的人在同一個空間工作，自己也會變得較不積極。[40]西北大學在二〇一七年發表的一項研究發現，員工在辦公室坐在離高績效員工七．五公尺之內的地方，會提升一五％的績效；但要是坐在低績效員工七．五之內的地方，則會下降三〇％的績效，影響可謂非常巨大。[41]

我的好友沙蘭．弗拉納根（Shalane Flanagan）是美國史上最厲害的長跑健將。✦她深知深度社會連結對幸福感與專業表現的影響有多大，因此決定不再獨自訓練，開始進行團體訓練。結果她發現，不僅自己的表現大有進步，參與團體訓練的其他夥伴表現也獲得大幅度提升。她與她的訓練夥伴共十一位女性，全數都在訓練期間入選美國國家奧運代表隊，這是多麼驚人的成績！為此，琳西・克魯斯（Lindsay Crouse）特別在《紐約時報》撰文，將此現象稱為「弗拉納根效應」，她說：「當你推進共事者的職業生涯，自己也將突飛猛進。」[42]

弗拉納根以及隊裡的其他人不僅跑出優秀的長跑成績，團體訓練也激發許多人的正面情緒。美國長跑健將艾米麗・茵菲爾德（Emily Infeld）向《紐約時報》表示，她大學畢業之後不久，就深受疲勞性骨折的困擾，甚至在二〇一四年認真考慮退出長跑領域。那年十二月，弗拉納根找她一起喝酒聊天。茵菲爾德回憶道：「那段日子真的很難熬，我哭著對她說：『我不行了，我的身體辦不到。』結果她徹底改變我僵化的思考。她對我說：『現在的情況確實很糟，但我相信妳還有進步的空間。』於是我開始跟著弗拉納根一起訓練，由她幫忙監督我。沒想到，我的職業生涯從此完全不同。」短短幾個月後，茵菲爾德就在二〇一五年八月的世界田徑錦標賽一萬公尺項目中順利奪牌。

弗拉納根自己也受益於「弗拉納根效應」。她告訴我：「即使在那樣艱辛的個人運動項目中，我也能感受到融入群體所帶來的力量。如果你感到高處不勝寒，那就代表你做得不對。真正的高績效者會專注於提升他人表現，慷慨的幫助他人崛起，並形成一個休戚與共的群體。」弗拉納根在二〇一九年底退役之後，立刻宣布她會繼續留在職業長跑界擔任教練，這樣的決定一點也不令人意外。她在做這個決定之前經常與我討論。她對我說：「這些夥伴就像是我的家人，這個群體賦予我如此豐富的生命意義。除了繼續這樣做下去，我實在想不到還能做其他事情。」

無論是弗拉納根或其他頂尖成功人士，他們傑出的表現背後蘊含著相同的真理。每一個人都像是互相映照的鏡子，我們選擇往來的對象塑造了我們，而我們也會塑造自己往來的對象。這種互相影響的效應很重要，也很實用。

因此，我們最好和讓自己感到欽佩、希望效法的對象來往。真正會讓人們自願口耳相傳的並非是死板的技術，而是動機、情緒與價值。一旦知道情緒有多麼容易擴散，我們就有能力改變自己，進而改變周遭的人。

舉例來說，當你突然收到一則讓你感到悲傷的簡訊，或是看到一則讓你感到憤怒的社群媒體貼文，與其立刻做出反應，不如先暫停一下，仔細思考再做出回應。與其以悲傷回

✦ 也許你會覺得這樣的讚美是我對好友偏心，但數據會說話。弗拉納根參加過四次奧運，並於二〇〇八年奪得奧運銀牌。同時，她也是二〇一七年紐約馬拉松冠軍，是四十年來第一位贏得冠軍的美國女性。

應悲傷，不如以憐憫、支持回應悲傷；與其以憤怒回應憤怒，不如以理解回應憤怒（或者乾脆置之不理，只是很少人懂得用這一招）。反過來也是一樣。你的好心情很容易擴散，只是我覺得這種擴散通常是自然發生，而非刻意為之。

其實，這些道理淵遠流常。十幾年前，在遠征喜馬拉雅山坤布（Khumbu）地區的丘陵路途中，我問一位名叫英卓（Indra）的雪巴人（Sherpa），為何這裡到處都有經幡？他對我說：「很簡單，當你感覺自己有很強烈的情緒，就樹立一個經幡。我的文化（藏傳佛教）有史以來始終相信，風會散播情緒的能量，最終由整個宇宙所接收。」

練習 17 參與有意義的團體

卡喬波認為對抗孤獨、建立深度連結的第一個原則，是尋求共同性。[43] 我們通常喜歡和與我們相似的人做朋友，像是那些有著相同興趣、喜好相同活動、懷抱相同價值的人。相較於一對一與陌生人互動，參與一個團體能夠減少許多壓力。而網路的好處之一，是比以前更容易找到適合自己的團體，不少網路社群也都會舉辦實體聚會。以下是幾個建立深度社會連結的例子：

擔任志工

為別人勞心勞力，不僅有助於克服自身的恐懼與不安全感，也有助於建立關係。當你幫助別人，你的大腦某部分就不會像平常那樣，為了保護你的自我而踩煞車，而是會放輕鬆，甚至能承受一部分風險，進而解決缺乏自信的問題。[44]

加州洛杉磯大學心理學教授雪莉．泰勒（Shelley Taylor）的研究發現，當個體感受到外在威脅時，並非必然出現「戰鬥或逃跑」反應（fight-or-flight response），也有可能出現她所謂的「照料與結盟」反應（tend-and-befriend response）。她在《撫育本能》（*The Tending Instinct*）中寫道：「照料他人就像覓食與睡眠，是與生俱來的本能，源自我們的社會本能。」[45]當我們有能力幫助別人，通常也會更有能力與周遭的人建立關係。

當志工不僅能為團體與幫助對象做出貢獻，對自己也大有助益。研究證實，擔任志工可以增進身心健康，還能延長壽命。[46]雖然很難確定為什麼會形成這樣的效益，但很可能和增進深度社會連結有關。

對於即將退休或是剛剛退休的人士而言，擔任志工的效益格外明顯。[47]剛退休的階段，可能因為離開職場而失去原本對自身的認同，面對突然空出來的整天時間，一時也不知道該如何打發，這時當志工剛好可以填補空閒時間，並且建立新的自我認同。正因如此，美國退休者協會（American Association of Retired Persons，AARP）才會斥資發起「創益」（Create the Good）計畫，為剛退休的人士與住家附近的志工組織媒合，讓退休人士繼續發光發熱。[48]

加入宗教團體

美國的宗教組織現正式微，尤其是年輕人的參與度持續下降。根據美國猶他州《德律撒新聞報》（*Deseret News*）在二〇一八年進行的美國家庭調查發現，千禧世代與X世代多數為「無宗教信仰」。[49]信仰屬於個人自由，但不可忽視的是，宗教是數百年來凝聚社會的一股重要力量，而且無可取代。

《美國醫學協會期刊．內科學》（*JAMA Internal Medicine*）於二〇一六年發表一項研究，研究者用十年的時間追蹤七萬五千名女性，發現至少每星期參加一次宗教儀式的女性，在研究期間死亡的機率，比沒有定期參加宗教儀式的女性低三三%。[50]《公共科學圖書館期刊》（*PLOS One*）於二〇一七年發表的一項研究則指出，在十八年間追蹤五千五百五十名成年人，發現經常參加本地宗教儀式的研究對象，死亡率降低五五%。[51]

這些研究者都認為，宗教信仰的共同性可能是健康長壽的一大關鍵。他們探討各式各樣的宗教儀式，都發現相同的特徵：拯救你的可能並不是某一種信仰系統，也不是某一位神，更可能是你與你所屬的宗教團體成員形成互助系統。還記得佛陀給忠實的侍者阿難的忠告嗎？「能夠結交善友、善朋，善伴，即是梵行的全部。」佛陀說的是對的。

更有研究發現，人類的大腦已經演化為會受到歌唱、吟誦、舞蹈，以及無法用言語表達的事物所影響，其目的就是讓彼此不同的個體能夠凝聚在一起，賓州大學神經科學教授彼得·斯特林（Peter Sterling）稱之為「**神聖行為**」（sacred practices）。人類是一個「所有人必須分工合作的物種」，自然會出現貪婪、猜忌等各式各樣的矛盾與衝突。若要維持社會運作，勢必要發展出一系列足以化解個體間緊張關係、維護社會凝聚力的先天行為模式。斯特林認為這些行為模式可以統稱為**神聖行為**，「神聖」的意思是指「對無法用言語表達事物的敬畏」。[52] 演化只偏好物種生存所不可或缺的特質，因此宗教是凝聚與維繫人類社會的重要關鍵。

如果你有意願加入宗教團體，請不要有任何顧慮，儘管大膽加入吧。宗教團體是認識擁有相同價值觀的人理想的途徑。如果你和從前的我一樣，認為理性科學世界觀中毫無靈性存在的空間，那麼希望你讀完本書之後能明白，靈性智慧與科學知識不但並非互不相容，而且是彼此互補的關係。請務必記得，提升靈性也可以像和好友一同欣賞夕陽西下那樣的簡單與美麗，對我們所居住的浩瀚宇宙抱持敬畏，並不需要任何複雜的教義與教條。

加入支持團體

在網路上，我們能找到各式各樣的支持團體，無論是訴求心理健康、閱讀、健身或親職教養等類型。我們在上一章談到，研究發現，當你愈是脆弱，產生的人際連結力量愈大。在支持團體中，你不再需要繼續扮演舞台上的那個自我，而是那個可以卸下偽裝、袒露真實的自己，因為團體中的每個人都經歷過相同的難處，願意接納真實的彼此。

支持團體不僅是建立社會連結的絕佳管道，還能幫助你克服難關，達成目標。加入團體不僅能強化動機，還能賦予責任，當你向團體成員做出承諾，就更有可能繼續堅持下去。無論你加入的是健身房、焦慮互助團體，或是匿名戒酒會，當同伴們都準時現身，唯獨缺你一個，這時你多半會感到有些不好意思，因而增加出席的動機。支持團體最大的好處，就是當你不想出席、很想逃避時，不僅沒人會責怪你，多半還會有人拍拍你的背表達關懷，因為大家都正面臨相同的難關，知道這一切是多麼的不容易。你們知道彼此同樣脆弱，一起經歷著相同故事的不同版本。

團體可以給你雙重的幫助，不僅能夠避免你跌倒，若你不幸跌倒了，還能幫助你再重新站起來。所以對有濫用藥物或成癮問題的人而言，參加支持團體特別有效。單打獨鬥的效果，鮮少能夠勝過團隊合作。[53]

創立一個沙龍

在啟蒙時代，藝術家、哲學家、詩人以及科學家經常舉辦沙龍，或是進行小型私人聚會，在聚會中針對特定主題進行討論。雖然現在沙龍已經式微，但仍有重啟的價值。方式是集結一群興趣相同的人，大家約定定期聚會（也許一個月一次）。沙龍的形式可以是讀書會、期刊會或文章討論會，也可以是智囊團隊，由一群同行見面討論共同的話題或所遇到的問題。

練習⑱ 重質不重量

兩千多年前，古希臘哲學家亞里斯多德（Aristotle）在他的鉅作《尼各馬克倫理學》（*The Nicomachean Ethics*），提出三種不同的友誼：

1. **以實用為基礎的友誼**：亦即一方或雙方都能因友誼而受益，類似現代的「關係網路」，結交朋友的主要考量，是對方能幫助你。
2. **以愉快為基礎的友誼**：是以愉快的經驗為中心。這些朋友與你一同度過輕鬆愉快的美好時光。

3. **以美德為基礎的友誼：**雙方擁有同樣的價值觀。你結交你欽佩、尊敬的對象，一起朝著你心目中人生最重要的目標邁進。

巧合的是，亞里斯多德在幾百年前提到，「很多正值壯年的年輕人」往往只追求實用的友誼，期待卻往往落空。看看今日的大學校園或是企業職場，果然有些事情從古至今永不改變。

他也寫道：「有些人只追求實用，追求的是自身的利益；有些人追求愉快，看重的是自己覺得愉快。但只求實用或自我愉快的友誼不會長久，還會變質。因為當初結交的原因一旦消失，友誼也就隨之煙消雲散。」亞里斯多德說的，似乎就是現在所謂趨炎附勢、交際目的性太強的人。這種人在每個團體裡都像蜻蜓點水，從不覺得自己有必要為群體付出。

在某些情況，亞里斯多德所說的三種友誼都有優勢，但唯有以美德為基礎的友誼，或是由共同的價值觀維繫的友誼才能持久，也才真正具有意義。他寫道：「完美的友誼，是擁有類似美德的人之間的友誼。那些（在任何情況）願意互相祝福的人，彼此之間的友誼本身就很美好。」

以美德為基礎的關係需要用心維持，而且可遇不可求。亞里斯多德寫道：「一個人只能在少數人身上感覺到偉大的友誼。」但這樣的友誼能帶來個人的完滿。能與一個人如此深交，建立志同道合的交情，是一生難得的福氣。

亞里斯多德的友誼論不僅有先見之明，也很實用。你不妨思考一下目前你與他人的友誼屬於哪一種。擁有一些實用與愉快性質的友誼並不是錯誤，即使大多數的友誼皆屬於這兩類也無妨。但還是要知道，這兩種友誼的作用不同，而且也許不如建立在共同美德的友誼來得持久。建立在美德的友誼並非一蹴可幾，而且需要耗費心神維持。而正如亞里斯多德寫道：「很多友誼都是毀在缺乏對話上。」[54]然而從以美德為基礎的友誼得到的收穫，通常遠高於你的付出。

當我們衡量自己的數位社會網絡，也不妨運用亞里斯多德的架構。我們已經知道情緒在虛擬網路散播的力量，因此這一點格外重要。因此，如果有酸民經常惹你生氣，你應該立刻取消追蹤，將此人踢出好友名單、消音、標示為垃圾信件，或是將其封鎖，而且不必覺得內疚。

除了亞里斯多德之外，其他古代智慧思想家也曾提出現代也適用的忠言。

斯多噶派哲學家愛比克泰德（Epictetus）兩千年前就已經警告世人：「你跟渾身塵垢的人廝混，自己也難免沾上點汙穢。」[55]佛陀則是佛陀則是在兩千五百年前告訴我們「八正道」。其中的「正語」，就是強調要靠語言來修行，包括：不妄語、不惡語、不謗語、不暴語、遠離一切戲論等。這個提醒不僅要實踐在現實世界中，在虛擬世界最好也能遵守正語的原則。

練習⑲ 發展你的「智囊團」

艾德・卡特莫爾（Ed Catmull）是皮克斯動畫工作室（Pixar Animation Studios）的創始人之一，一路帶領皮克斯成長茁壯，直至二〇〇六年為迪士尼所併購。他於二〇一九年退休，堪稱創意產業最成功的領袖之一。

皮克斯成功的關鍵，在於所發展出的「**智囊團**」（Braintrust），也就是組織一群人彼此定期見面、幫忙找出問題、提供最真誠的意見。卡特莫爾在他的回憶錄《創意電力公司》（*Creativity, Inc.*）寫道：「智囊團對我的幫助極大，而且效益極高……一開始的幾次會面就讓我印象深刻，大家提供的意見如此實用。與會的每一個人都專注於討論當前的電影作品，而不是撥弄著各自藏在心中的小算盤……大家都真心把彼此當成夥伴。」

智囊團對每一個人都有益。無論是成立公司、進行馬拉松訓練，或是養育孩子等大小事。有一種很實用的練習，是假裝你的朋友遇到與你類似的問題，再想想你要給這位朋友怎樣的建議（見第二章「自我抽離」），但實際得到良師益友的忠言，也許更有益。卡特莫爾寫道：「複雜的創意工作者進行到某個程度，難免會自我迷失。這是正常的，因為創作時，你必須暫時將其內化，讓整個人幾乎**變成**你的作品。」與作品合而為一的確有益，但也會衍生出盲點。而這時智囊團的從旁協助，就能幫助自己及時找出盲點，避免惡化成嚴重的問題。

你在組織中的層級愈高，就愈需要成立智庫。位居高位是很孤獨的，所以非常需要有人與你合作、給你支援，更重要的是，給你真誠的意見。下屬往往唯恐得罪上司，因此往往盡可能避免批評或質疑上司。而身為卓越的企業領袖最需要的，是傾聽那些坦率直言、敢於挑戰領袖的人挺身而出及時指出問題，免得後果一發不可收拾。

以下是卡特莫爾提出的「成立智囊團」指導原則。[56]這些原則相當適用於職場與個人生活：

- 只網羅願意對你完全坦誠的人，尤其是願意對你提出逆耳忠言的人。
- 網羅有能力提出解決方案的人。智囊團不僅要點出問題，還要提出解決方案，指出可行的道路。
- 網羅有具備類似經驗的人，智囊團成員應該要熟悉你目前在做的事情。有經驗就會有知識，也會具備跟知識同樣重要的同理心。

關於連結的最後一點想法

一行禪師告訴我們，我們每個人就像海上的波浪，難免隨著潮汐起伏，體驗崛起、登頂到墜落的變化。但重要的是，請務必記得，波浪從何而來、終歸何處，以及什麼才是存在的本質。當我們盲目的追求最佳化、生產力與效率，過度專注在成敗起伏，終將陷入孤獨與痛苦的深淵。別忘了，波浪的本質是水，沒有水，波浪亦將不復存在。[57]

從身心健康、專業表現、生活滿意度到成就感，我們的深度社會連結與歸屬感影響著我們生活中的各個層面。人類是社會性的動物，深度社會連結能支持我們安然走過人生中的潮起潮落。倘若忽視社會連結，終將付出慘痛的代價。

如同踏實人生的其他原則，深度社會連結是我們一輩子的功課，從建立以至於後續維護，都需要花費許多時間和力氣。在建立深度社會連結的過程中，需要接納、臨在、耐心，以及尤其重要的脆弱。當我們建立起深度社會連結後，它將成為有助於其他踏實原則蓬勃發展的堅實堡壘。

請牢記一行禪師所言：「傳統認為，個人能做的有限，所以尋求群體的庇護，是很堅實也很重要的修為。沒有社群、沒有一群志同道合朋友的支持，我們無法走得太遠。」[58]

第七章

原則6

運動

維持運動，為大腦建立踏實的基礎

你可能沒聽過安卓雅・巴柏（Andrea Barber）這個名字，但如果你在一九九〇年代長大，那麼你應該對吉咪・吉布爾（Kimmy Gibbler）這個名字不陌生，那就是由巴柏在電視影集《歡樂滿屋》（*Full House*）中所扮演的古怪、大膽又充滿自信的鄰居女孩。

然而，許多人並不知道，在螢光幕下的巴柏卻一點也不自信與大膽，她不僅受慢性焦慮所苦，也經常因為不時發作的憂鬱而困在動彈不得的狀態中，這些問題在她邁入成年時更是惡化。從表面上看來，她是個名人，因為在電視影集扮演的活潑角色而具知名度，但在她的內心深處，卻深受煎熬長達數年之久。

巴柏在三十二歲那年終於鼓起勇氣尋求專業治療，開始定期與心理師碰面，並服用醫師開設的藥物。而我在《戶外活動》雜誌分享自身強迫症經歷之後，某天，巴柏主動跟我聯繫。我們一聊之下，都發現過去的我們有不少共同點：同樣經歷嚴重的焦慮症、同樣在接受心理師的治療、曾服用相同的藥物，而且在我們的內心深處，都隱約覺得這是一種恥辱（由此可見精神疾病汙名化的影響有多麼強大）。此外，我們也都曾擁有一個與真實的自我並不相符的公眾形象（當然，我的知名度遠不如她）。不過最重要的是，巴柏告訴我很高興讀到我的文章，同時向我分享運動帶給她的復原力量。她說：

我開始跑步的那段日子，人生出現好多變化。我除了被焦慮所困，也剛結束一段感情。我的情緒經常很糟，整個人感覺像遊魂似的無所依靠。不諱言的，我一開始跑步是為了社交，我想強迫自己走出家門與外界接觸，跟朋友相處。但當我一旦開始跑，就愈覺得應該每天出門跑步。

我不知道該怎麼形容這種感覺。跑步不僅讓我獨自面對自己的思想，還透過身體的律動，找到自己的節奏與步伐。現在，我每天跑步四十五分鐘。在還沒開始跑步之前，我覺得自己的人生一團亂，而每次跑完後回到家，就覺得自己的人生好像沒有那麼糟糕。

後來，巴柏在二〇一六年報名參加馬拉松。對於一個才剛開始接觸馬拉松，運動經驗也不多的入門者來說，這場賽事並不輕鬆。但她很快就發現，重點並不是比賽（她最後還是完成比賽），而是在於賽前維持按表操課的規律，以及將身心保持一致性的訓練當成一種責任。她說：「跑步拯救了我。我確信是跑步拯救了我！」

我們在二〇二〇年見面時，巴柏並沒有為自己設定特定的跑步目標，她只是覺得每天運動很重要。她說，即使是快步走三十分鐘，都能發揮奇效。我問她，會不會只要是每天固定做同一件事，也會像運動一樣帶來類似的幫助，但她斷然否認：「不是。我每天固定會做的事情有很多，但沒有一個像運動這樣讓我享受其中。我想運動這件事，一定具有一些獨特之處。」

巴柏說得沒錯。許多研究已經證明，運動不僅能增進身體健康，也能促進心理健康，這項結論同樣適用於世界各種文化環境。倫敦國王學院（King's College London）於二〇一九年分析超過四十項研究、共追蹤二十六萬七千人，探討運動與憂鬱之間的關係。[1]研究團隊發現，維持運動的習慣能降低一七%至四一%的憂鬱機率。這種顯著的效果呈現在各種年齡層、不同的性別上，而且不限於運動的類型，從跑步到舉重皆然。其他研究也發現，運動能降低人們焦慮的機率。[2]

運動不僅能預防心理疾病，還能治療心理疾病。倫敦國王學院的研究團隊除了針對運動的預防效果進行大規模研究之外，也檢視二十五項與心理治療相關的研究。這些研究共調查一千四百八十七名憂鬱症患者，發現有四〇%至五〇%的憂鬱者能藉由運動減輕憂鬱症狀，效果若以大、中、小三個標準做衡量，則是屬於「大」的等級。[3]愛爾蘭的利默里克大學（University of Limerick）研究團隊則是分析九百二十二位研究對象，發現焦慮症患者在運動過後能舒緩症狀。[4]換句話說，運動的效益等同於心理治療與藥物治療。✦

談到運動，乍看之下似乎和本書先前談到的其他踏實原則有些格格不入。問題出在個人英雄主義往往將「運動」等同於高強度的鍛鍊、增進外表吸引力的方式，或者是一種懲罰的手段，導致我們對自己的身體，以及於如何使用身體，產生了偏頗的看法。但你在本章中很快就會發現，真正的運動確實是踏實人生不可或缺的關鍵。

整合的身心系統

一六四〇年代，法國哲學家笛卡兒（René Descartes）提出他所謂的「心物二元論」（Cartesian dualism），認為身體和心靈是兩個各自獨立的實體。[5]往後的三百五十多年間，這種思想始終是主流。一直到二十一世紀初，才有科學家以實證研究證明：笛卡兒錯了，我們的身心並非各自獨立，而是一個整合的**身心系統**。

✦ 必須強調的是，運動並非心理健康問題的萬靈丹。運動確實有效也往往有效，但並不是每個人每次運動都能感受到效果。我知道很多罹患（或曾罹患）心理疾病的人，會受不了別人一直對他們說「多運動，病就會好」。因為，要是治療心理疾病真有這麼簡單，任誰都會做運動。不過，我們同時也要知道，治療心理疾病與運動不但不會互相排斥，一起做的效果會更好。很多最有效的心理疾病療法，往往是運動、治療以及藥物多管齊下。

舉例來說，我們的腸道菌以及蛋白質的攝取量會影響情緒。我們大腦的神經傳導物質會影響我們感受到的背痛程度以及心跳速度。我們經常運動，就更能控制情緒、更具有創意，也能記住更多資訊。

雖然身心整合的神經科學相對來說是較新近的產物，但背後的精神卻是存在已久。在笛卡兒將身心二分之前，古希臘人早已將身心視為一體。例如，希臘人的教育觀與現代不同，他們認為體育、智育與德育是相互關聯的，因而不會以分科的方式來進行教學，徹底實踐拉丁文所謂的「健全的心靈寓於健康的身體」（Mens sana in corpore sano）。

踏實的第六項原則是運動。

運動能提升人們的整體幸福、力量以及穩定度，不只有益身體健康，對心靈提升也有所裨益。接下來，我們要探討其中相關的機制與原理。首先，我會簡單的介紹運動如何帶動其他的踏實原則，包括接納、臨在、耐心、脆弱，以及連結。接著，探討在生活中養成固定運動習慣的實際方法。你會發現，運動不需要經歷多艱難的過程或多複雜的步驟，無論你的年齡、性別或體型，幾乎任何人都能享有運動的多重效益。

運動與接納

記得我剛開始進行馬拉松訓練時，有位經驗豐富的跑者給我一項睿智的建議：「你必須學會適應不舒服的感受，這種本事無論在賽場內外都很重要。」我認為這個道理適用於每個人，而且並非僅限於跑步。

如果你隨便問一個經常運動的人，他可能會對你說出類似的話：自從運動以後，從前覺得難應付的事，現在覺得沒那麼難應付了；從前令人感到急迫焦慮的工作期限，如今看來也沒那麼可怕了；原本感到棘手的人際關係問題，也不再是問題了。你可能以為，應該是因為運動太累人，所以他們累到沒精神想那些問題了吧。但事實並非如此，因為研究證實，運動不僅能促進大腦功能，還能增強精力。[6]

那麼，運動到底具有什麼樣的魔力，能讓一切都有所改變呢？或許應該這麼回答，鍛鍊身體不僅能讓我們體驗疼痛、不適與疲倦，還能讓我們學會接納那些不適，而不是一遇到不適就立刻逃避或是一味抗拒。

伊芙琳·史蒂芬斯（Evelyn Stevens）是美國一小時自行車騎乘距離最遠的紀錄保持人（四十七·九八公里）。[7]當回想自己在最困難的訓練期，她說：「我不去想**希望趕快結**

束，而是盡量感受痛苦，並且與痛苦共處。說真的，我甚至會擁抱痛苦。」當我們愈抗拒運動帶來的不適，或是想要壓抑這種不適，不適的感受反而會更加強烈。而運動能夠幫助我們學會接納現實、認清現實，再決定接下來要怎麼做。尤其是當從事一些劇烈運動時，究竟要選擇停下來，還是繼續堅持下去時，這種效應會更明顯。

根據《英國健康心理學期刊》（*British Journal of Health Psychology*）發表一項研究發現，原本沒有運動習慣的大學生，即使只是從事少量運動，或是每週上健身房二至三次，就能幫助他們有效紓解壓力、減少吸菸頻率，以及對酒精與咖啡因的攝取量，同時也會增加飲食健康、改善消費行為與培養好的讀書習慣。[8]運動除了能改善多項生活習慣之外，這些學生固定運動兩個月之後，在接受實驗室進行的自我控制能力測試後也發現，比起兩個月之前的表現大有進步。

這樣的結果讓研究團隊研判，運動對於學生的「自律能力」（capacity for self-regulation）影響甚鉅。用外行人的話來說，當學生願意忍受運動所帶來的不適感，也就是當身心要他們喊停，他們卻堅持繼續前進，就能學會在面臨難關之際，保持冷靜、平和、沉穩，也能學會接納當下的現實，採取符合自身價值觀的睿智行動。例如在健身房，所謂的睿智行動往往就是繼續鍛鍊，而這種睿智行動會遷移到健身房之外，幫助學生妥善管理壓力，少喝點酒，多唸些書。

另一項發表於〈歐洲應用生理學期刊〉（*European Journal of Applied Physiology*）的研究，則評估運動如何改變我們面對壓力的生理反應。[9]德國卡爾斯魯爾理工學院（Karlsruhe Institute of Technology）的研究團隊在學期初將學生分為兩組，其中一組每週跑步兩次，連續跑二十週。二十週結束後，正好碰上對學生來說壓力龐大的考試週，研究團隊安排學生穿戴監控器，追蹤他們日常的心率變化（心率變化是常用的生理壓力指標）。也許你已經猜想到結果，定期跑步的學生心率變化較理想，他們比較不會承受過大的考試壓力，或許也因為他們願意承擔考試的壓力，而不是與之對抗，因此比較不容易緊張。

這項研究之所以讓人懷抱希望，在於研究對象的運動強度與運動量不用很高，他們只是做一些對他們來說不用太耗體能的事，也就是從原本完全不運動，變成做少量運動。接下來，你會在本章反覆看到一個重點，那就是不需要成為頂尖運動員，也不需要成為健身狂，照樣能享有運動的諸多好處。

養成良好的運動習慣過程中，你可能會感到有點不適，不過當處在這種時候（在可接受的不適範圍內），你的身體不僅會因而鍛鍊得更強壯，心靈也能得到學習與練習的機會，練習在感到痛苦時保持踏實。運動的強度也能因人而異，對於某些人來說，目標可能是舉起很重的重量，或是跑得很快；但對於某些人來說，目標可能只是從完全不運動，改為每天快走三十分鐘即可。

運動與臨在

一旦養成運動的習慣，你會開始發現，光是將每一次運動或執行每個步驟當成獨立的訓練，本身就是一種鍛鍊。一開始，你需要非常認真的看待這件事並刻意執行，久而久之，就會習慣成自然。你愈是能夠臨在，就愈能享受每次的訓練，也會持續提升表現。請記得，你上一次的表現是好是壞都不重要，下一次的表現是好是壞也不重要，只有這一次，你現在做的這一次，才是真正重要的事。

有些人經常透過運動進入心流狀態。此時，你的身體會更敏銳，你的意識會更穩定，心流激發的種種變化，更能引導你的心智。但要達到這個境界，你必須捨棄數位裝置的干擾（如果你要聽音樂，也最好開啟飛航模式）。加拿大亞伯達大學（University of Alberta）運動教授皮爾科．馬庫拉（Pirkko Markula）指出，想要透過運動進入心流狀態，則必須「專注在當下做的事情」。[10]

我通常會建議找我諮詢的客戶養成運動的習慣，尤其要刻意為自己安排一段不受干擾的運動時間。後來很多客戶告訴我，他們之所以享受運動，正是因為在那段時間裡，自己不會受到電話、電子郵件或是簡訊的干擾。當他們累積愈多不受干擾的運動經驗，就愈懂得臨在在生活其他領域裡的重要性。這與習慣建立專家、同時也是作家的查爾斯．杜希格（Charles Duhigg），在《為什麼我們這樣生活，那樣工作？》（*The power of habit: why we do what we do in life and business*）提出的理論類似，他認為做運動就是在生活領域建立的「核心習慣」（keystone habit）或正面習慣，這個習慣能連帶改善生活其他領域。[11]

運動也能培養我們的臨在能力，因為在運動過程中，我們必須密切注意身體發出的訊號，去思考：**我該加快還是放慢？我的疼痛純粹是因為運動過度，還是因為即將爆發的傷病？**這些大大小小的思考與決策，我們都能在過程中得到非常具體的回饋，幫助我們隨時進行調整。只要持續努力，就會改善專注力，而專注的對象不只是你的身體，也包括人生的一切。

運動與耐心

我有幸能認識幾位全球頂尖的運動員，與他們一聊之下，我發現他們的健身方式各有不同：有些人使用高強度、低訓練量的方法，有些人則正好相反；有些人訓練時會留意心率區間，有些人則使用「運動自覺強度量表」（rating of perceived exertion，簡稱ＲＰＥ）。但不論是用哪一種方法，他們都會對我說一件相同的事：訓練成功的關鍵並不在於計畫，而在於是否按照計畫進行。也就是說，只要符合合理的訓練原則，不管運用什麼樣的訓練方法，都不如運動員保持耐心與恆心來得重要。正所謂「條條大路通羅馬」，但你一旦選定路線，就不能常常變換，否則你將永遠到達不了目的地。

提升體能的關鍵，在於依循「漸進超負荷」（progressive overload）的概念。意思是以特定的方式，訓練某個部位的肌肉或是身體某種功能，然後逐步增加訓練的強度與時間。就像很多人會說的，艱難的日子結束後，就是輕鬆的日子，當長時間高強度訓練過後，身體就必須展開長時間的恢復。關鍵在於重複與一致。任何豐碩的成果並非一蹴可幾，而是經過長達數個月甚至數年的努力。

如同我們在第四章所言，運動時要是太心急或是一下子做得太多，就可能會提高受傷或過度訓練的機率。這是所有運動員無法迴避、必須嚴肅正視的事情，只要超過負荷，身體就會直接讓你知道。因此，無論是你的肌肉和骨骼都需要學會耐心。

我的朋友范恩·甘比塔（Vern Gambetta）是全球知名的資深運動員教練，曾訓練過數百位菁英運動員，包括紐約大都會棒球隊、芝加哥公牛隊的球員，以及眾多參與過奧運的運動員。他說：「如今，人人都在追求新奇的事物，也追求無盡的刺激。社會上流行一種四處奔忙的文化，今天忙這個，明天忙那個的。」但是，如果你追求的是長期的成長與發展，那麼一味求快，時常變換目標，是沒有幫助的。在鍛鍊身體這件事情上，更是要持之以恆才能見效。

養成運動的習慣，就會明白突破並非短期就能達成，而是靠長期持續努力的結果。要以聰明、克制的方式，不停敲打石頭，直到石頭裂開的那一天。要提升體能，在鍛鍊的過程中，必須臨在、有耐心，在今天還剩一次重複的時候停下來，明天才能繼續下去。

運動與脆弱

從事任何一項運動挑戰時，難免會有遭遇失敗的時候。逴論是要超越自己的紀錄，想要跑得更快、走得更快、舉起更重的重量，或是騎單車騎得更遠，那更是艱鉅萬分。在挑戰的過程中，我們將面臨各式各樣的未知問題：**這會讓我多難受？我挺得過去嗎？我會太早放棄嗎？我會成功還是失敗？**

以我自己為例，每當我在健身房想挑戰更重的重量，卻又開始自我懷疑時，我的訓練夥伴賈斯汀時常會對我說：「勇敢面對新世界。」是的，無論結果如何，都要告訴自己：

要以勇氣面對脆弱，愈是處在艱難時刻，愈要相信自己。後來，即使是面對失敗，有時候甚至是在眾人目睹之下面對失敗，我也學會泰然處之。

養成固定運動的習慣，會幫助我們發現自己的弱點，還能學會不要逃避自己的弱點，而是正面迎戰、設法克服弱點。你愈是能面對自己的弱點，就愈能名符其實成為更強大、更完整的人。

那就好像在重量訓練室裡（或是在跑道、球場或游泳池），只有我與槓鈴，只有舉起來或舉不起來兩種結果。要是舉得起來，那很好；要是舉不起來，就繼續練下去。有時候訓練會進展得很順利，有時候沒那麼順利，但長期下來，你會發現付出多少努力，願意接受多少挑戰，願意承受多少失敗，你的進展就有多大。沒錯，問題就是這麼簡單，問題也就是這麼困難。你在艱難時期發展出的脆弱、坦率以及獨立，都會衍生出一種平靜且穩固的自信。當你學會在別人面前信任自己，願意冒一點險，也意味著你將與你的運動社群建立更多深度連結。

運動與社群深度連結

愈來愈多研究顯示，與其他人一起運動，能增強與他人的連結與歸屬感，也就是我們在前一章所提到的「社群深度連結」。[12]健康心理學家、同時也是史丹福大學講師凱莉・麥高尼格（Kelly McGonigal）在著作《運動的喜悅》（*The Joy of Movement*）中，詳細分析造成這種現象的許多原因。[13]她指出人類天生就會在與其他人同步行動中，感受到集體的喜悅。這種現象起初是一種來自演化上的優勢，能促進狩獵的合作。

與他人一同行動時，我們的身體會分泌腦內啡、催產素之類的神經化學物質，能加深彼此的情感與連結。許多運動計畫本來就帶有一種儀式感，能引發科學家所謂的「**認同融合**」（identity fusion），亦即覺得自己屬於一個比自己更大的群體，而且群體成員之間也會建立情誼。運動科學家也將人們因為一起鍛鍊身體，而衍生出共同的信心、脆弱以及信任感稱為「肌肉情誼」（muscular bonding）[14]，我們在許多部落文化的成年禮儀式以及軍隊的同袍情誼裡，都可以發現這種現象。

麥高尼格寫道：「我們渴望擁有這種情誼。而與他人同步動作，是最能促進情誼的方式之一。」不過她認為，一般人通常很難理解這種狀況也會發生在運動上。她說：「這就像任何需要發揮天性的現象。你必須身在其中，才能明白整個道理。你必須真的去試試看，去感受突然間腦內啡流動、心跳加速，然後發現運動帶來的歸屬感，是世上最有道理的事情。」[15]

關於這點，我曾有過親身經歷。為了跟其他人一起跑步、健行或是舉重，我經常得花時間重新規畫行程，但事實證明，這樣的規畫相當值得，帶來的短期效應是，運動過後的我，心情總是比較好；長期效應則是，我在健身房以及在健行途中認識的人，有些成為我畢生最好的朋友。

我們已經了解運動的好處，接下來，我們要談談運動的實際應用。不過在那之前，我必須指出一個問題。在健身房裡，流傳著太多錯誤的健身資訊，也就是所謂的「兄弟科學」（bro-science）。散播這類資訊的人有些是為了想要賺錢，因而故意說一些聽起來很複雜的行話，然而不僅缺乏科學根據，也沒有獲得實證效用。這種作為根本就是健身界的個人英雄主義。看到這種現象，真讓我受不了！

在本書中，我要向大家介紹幾套簡單又具體的運動，這些運動都是經過多年的實際驗證為依據，還能按照你的生活方式進行設計與調整。更重要的是，這些運動都是免費的。不過在開始正式介紹之前，我們先認識一種對你來說最重要、最有助益的心態，有了這種心態，你不僅能追求健康幸福的生活，還會為你帶來真正且持久的成功。對於大多數人而言，這種心態是持久運動的基礎。

將運動融入每日工作的一部分

「我想運動，但我沒有時間。」這是我最常聽見無法建立運動習慣的藉口。確實，如果你得身兼好幾份工作，而且還是無法滿足基本需求，那你確實沒時間運動。但事實上，大多數人的狀況絕非如此。

美國疾病管制與預防中心（Centers for Disease Control and Prevention, CDC）於二〇一九年與智庫「蘭德公司」（RAND）合作進行一項研究[16]，調查三萬兩千名不同背景的美國人安排時間的方式。研究團隊發現，美國人平均每天擁有超過四．五小時的閒暇時間，其中絕大多數都是坐在螢幕前方。研究對象無論所得、年齡、性別及族群，全都呈現同樣的研究結果。

換句話說，即使你堅稱你的工作很重要、工作量很大，所以真的忙到沒時間運動，我也強烈建議你要重新安排運動的方式，讓運動成為工作中的一部分，而不是將運動與工作各自獨立。這種方法非常適合醫師、護理師、律師、投資人、教師、作家、研究人員與父母，甚至可以說適合每一個人。

研究證實，經常運動能提升創意思考與問題解決能力，改善心情與情緒管理，促進專注力與精力，還能增進睡眠品質，我相信無論你從事哪一種行業的工作，都需要運動帶來的這些好處。

大腦運作時不可或缺的三種神經傳導物質分別是：血清素、正腎上腺素以及多巴胺。血清素會影響情緒，正腎上腺素能因應壓力，多巴胺則能調節注意力與滿足感。當這些神經傳導物質處於平衡狀態，大腦就能發揮最佳功能；一旦失衡，認知與情緒能力就會下降，嚴重失衡甚至可能引發精神疾患。而運動很特別，它能促進這三種神經傳導物質的理想平衡。總之，運動與我們的身心健康息息相關。

我們來看看史丹福大學的一項研究吧。這項研究的題目和研究內容非常相配，就叫做「給你的點子一雙腿」。研究人員先安排研究對象進行相當耗費腦力的工作，到了休息時間，研究人員請一組人坐著凝視著牆壁，另一組則是散步六至十五分鐘。等到休息時間結束後，兩組接受創意思考測驗。結果發現，散步組的創意思考能力得分超越另一組大約四〇％。

這種效應並非只出現在成年人身上。其他研究也發現，經常運動的年輕人學業成績比較進步。[17]然而相當諷刺的是，如今有那麼多學校增加數學、科學等正課授課時數，甚至為了準備大考而挪用體育課的時間，但或許學生需要的正是藉由運動，幫助他們在數學、科學成績以及標準化測驗成績上獲得進步，更不用說養成運動的習慣，還能減少嚴重拖垮經濟的醫療成本與公共衛生問題。[18]

運動除了能提升今天的大腦表現，同時也有助於明天的大腦表現。運動能刺激大腦分泌一種叫做「腦源性神經營養因子」（brain-derived neurotrophic factor，簡稱ＢＤＮＦ）的化學物質，能促進大腦的長期發展。腦源性神經營養因子就像大腦的肥料，能促進神經新生，幫助新的腦細胞生成且互相連結。從運動與腦源性神經營養因子之間的關係，即可看出為何愈來愈多證據顯示，經常運動能預防且延緩認知能力的衰退。

運動的效果非常強大，到目前為止，經常運動仍然是最能預防阿茲海默症與帕金森氏症之類的神經退化疾病的方法。[19]如果運動能製造成藥丸出售，勢必會是賣破兆元的明星藥品，是能增強表現、改善健康、預防及治療疾病的萬靈丹。

基於上述原因，我相當重視客戶的運動。我的客戶一旦開始將運動視為工作不可或缺的一部分，就更容易養成經常運動的習慣。許多客戶一旦改變心態，就更有意願、也有動力花時間運動。他們原本將運動當成自利的行為，覺得可有可無，如今則覺得運動不可或缺。

這種心態的改變，甚至出現在最高等級的認知競賽。二〇一九年，ESPN.com 發表一則報導，探討世界級的西洋棋大師為何經常會在為期一週的競賽中，體重下降四至七公斤。科學家表示，這與人類的壓力反應有關。在可能維持五至十天的競賽期間，參賽者常會出現心率上升、血壓升高、強迫性思考、情緒與生理焦慮、失去食欲，甚至因為懷疑自我而無法行動，還會出現失眠症狀。後來，世界級的西洋棋手開始採用世界級運動員的訓練方法，幫助棋手在考驗身心的競賽期間，藉由健身讓思考更為清晰，保持力量與穩定。西洋棋大師莫里斯．阿什利（Maurice Ashley）說：「體能與腦力是互有關連的，難怪西洋棋大師也會仿效足球員的訓練。」[20]

改變你的心態，將運動視為工作的一部分，是個美好的開始，但你還是需要付諸行動。將運動納入你的生活有以下兩種方式：

- 挪出一段不受打擾的時間，用於從事走路、跑步、騎單車、游泳、園藝、登山、跳舞、上健身房，或是瑜珈等運動。
- 將運動納入日常活動。

上述兩種方法，最好你能結合兩者，否則至少要選一種，並且持之以恆的實踐。舉個例子來說，也許你每週三天上健身房，或在你家地下室運動。到了週末，不妨走遠一些，或是去某個地點健行。其他的日子也可以找時間運動。天底下沒有神奇的方程式。而我的運動黃金定律是：**經常動動身體，有時候用力動一動。一點一滴都不會白費**。

你也可以透過下列練習，將運動納入你的日常生活，讓你花在運動的時間，發揮最大效益。在這些練習中，我們將破解常見的迷思，例如：「要有運動細胞才能運動」、「重量訓練只適合年輕人」、「高強度總是比較好」，以及「理想的鍛鍊需要許多設備與時間」。我們也會詳細探討一些具有科學根據的資訊，幫助你設計出適合自己的運動。

練習⑳ 工作一段時間就要動

人類需要花時間「運動」，其實是近代才出現的現象。在工業革命之前，人們每天大多在農場工作；更早之前的人們則是靠狩獵與採集維生。對當時的人們來說，想要生存下去，就需要勞動。因此，他們一天大約只有〇．一%的時間才有機會不活動。換句話說，在一天二十四小時之中，一直到晚間十一點五十八分才能夠休息。我們人類天生就是應該要動，確實也演化成適合運動。

長時間不運動勢必會招病上身。一項針對十三項調查報告所做的後設分析研究發現，每日久坐超過八小時且缺乏運動者，其死亡風險相當於因肥胖及吸菸所導致的死亡機率。[21]每天久坐超過八小時的人，比較容易血壓升高、血糖增加、體脂過高、罹患憂鬱、心臟疾病以及癌症。

當然，罹患這些疾病有可能會讓你傾向於久坐，但研究已經證明，久坐勢必會讓你更容易罹患這些疾病。換句話說，久坐不只是眾多疾病的症狀，也是眾多疾病的根本原因之一。其他研究則指出，即使你已經為自己規畫專屬的運動時間（例如三十分鐘的跑步或瑜珈課），但長期久坐仍然會對身體健康造成危害。[22]

如同前文所述，久坐也不利於大腦的運作。經常運動能增加大腦血流量。此外，運動也提供機會讓負責思考的大腦區塊得以休息，讓負責協調動作的大腦區塊開始工作。從這個角度來思考大腦運作的這兩種機制，就會知道運動為何能大幅提升我們的認知能力與創造力。

如何對抗久坐造成的危害？答案其實很簡單。根據《美國心臟協會期刊》

（*Journal of the American Heart Association*）發表的研究發現，每小時即使只走動兩分鐘，也能消除久坐所造成的危害。[23]或者，也可以每天走路三次、每次十分鐘，也能達成不錯的效果。不過最理想的走路頻率，也許是介於上述兩者之間。

《國際行為營養與運動期刊》（*International Journal of Behavioral Nutrition and Physical Activity*）在二〇一六年曾刊出一項由科羅拉多大學以及嬌生人員績效研究院（Johnson & Johnson Human Performance Institute）所進行的研究，研究主題為各種運動型態對於上班族的影響。

研究人員將研究對象分成三組，分別體驗在一天六小時工作中的三種不同情境：第一組研究對象除了去洗手間之外，整整六小時都坐著；第二組研究對象先步行三十分鐘，再坐下來連續工作五個半小時（一樣是去洗手間才會起身）；第三組研究對象則是工作六小時，但每一小時起身步行五分鐘，然後重複「坐著工作五十五分鐘、步行五分鐘」的循環。

研究結果顯示，每一位研究對象一天當中如果有機會運動，那麼無論是一次步行三十分鐘，或是步行六次、每次步行五分鐘，在個人幸福感與工作表現上都會更好。整體而言，研究對象表示他們無論在心情與工作狀態的表現上都獲得提升，觀察研究對象各項與健康相關的生物標記（biological markers），也發現具有正向的改善。

不過，兩種運動型態得出的結果還是有些差異。第三組研究對象表示，工作中步行六次、每次五分鐘，會讓他們感覺更開心、更有精神，也比較容易維持一整天高昂的工作情緒。而第二組研究對象則表示，在工作前步行三十分鐘，會讓一整天的工作狀態更早達到顛峰。研究團隊做出結論，雖然採取哪一種運動型態都可以，但在工作將近一個小時前起身運動五分鐘，對於工作者的整體表現與身心健康助益最大。[24]

如果你目前從事的是創意工作、知識型工作，或是在傳統職場工作，不妨考慮這種間歇式的工作模式：專注工作一段時間後，先短暫休息、做點運動，然後重複這種循環。藉由這種方式，不僅能讓你的身體獲得休息，你的大腦也能發揮最大效率。

至於運動的類型，除了步行以外，伏地挺身、深蹲、瑜珈都是理想的選擇。而且無論運動時間是兩分鐘、五分鐘，還是十分鐘，只要一天運動數次，長期下來就會累積不錯的成效。就像先前提到的運動黃金定律：**經常動動身體，有時候**

用點力氣動一動，一點一滴都不會白費。

以下是幾種將運動以毫不費力的方式，納入日常生活習慣的方法：

- 一邊站著，一邊穿鞋、脫鞋。
- 走樓梯，盡量不搭電梯或手扶電梯。
- 如果可以，考慮以運動的方式通勤（例如走路或騎單車上班）。
- 如果開車上班，刻意將車子停在離大樓入口較遠的地方。
- 無論在哪裡，記得在身邊放一瓶水。你會喝下更多水，也會更經常跑洗手間，同時又會讓你經常起身走動。
- 會議時間與其訂為三十或六十分鐘，不如訂為二十五或五十分鐘。省下來的短暫時間可以用於運動。
- 除了一群人圍著桌子坐著開會，偶爾可以採取「走動式會議」（walking meetings）。研究顯示，步行能增強創意與問題解決能力。如果你擔心走路時忘記要講的重點，只要隨身攜帶小筆記本即可。
- 覺得自己被某個問題或念頭困住，與其一直苦思，不如將這種被困住的感覺當作暫停或休息的信號，提醒自己運用休息時間運動一下。這種方法不但獲得科學驗證，其實我們多少都有類似經驗。請回想一下，你突然靈光一閃想到解決方案的時刻，通常是出現在苦思問題的過程中，還是在休息或做別的事情的時候？

● 如果以上這些建議都不適合你，那麼至少可以把鬧鐘設定成每小時響一次，提醒自己該休息一下、動動身體囉！當然，重點是你聽到鬧鐘響的時候，不能不去理會，也不能推遲。

總之，經常運動的重點不是要你做出什麼了不得的創舉，而是要將運動與你的日常生活無縫接軌，同時牢記運動的好處多多，無論是對於我們的身體與大腦，都能發揮驚人的正向力量。

練習  享受你的有氧生活

我住在加州奧克蘭的時候，經常會去梅里特湖（Lake Merritt），從我住的公寓沿著格蘭大道大約〇．四公里即可抵達。與梅里特湖相鄰處有一條環湖步道，全程走完大約五公里。有趣的是，我只要在星期二、四、六的早晨前往，一定會遇到肯恩，不想遇到都不行。

肯恩是一位長者，他稀疏的白髮長到肩膀，總是穿著灰色棉質短褲，以及褪色的長袖運動衫，腳上還穿著一雙快解體的New Balance運動鞋。他每逢星期二、四、六的早晨，都會繞著湖走三圈，總共十五公里。有一天，我跑到一半，停下來請教肯恩貴庚。他說：「九十幾了。」我請他分享長壽的祕訣，以及如何能維持這樣的活力，他說祕訣就是持續去做。他說：「我在這裡走了好多年。要一直運動才行。」肯恩所傳授的祕訣，是真正的健身智慧。

「有氧運動」的意思，指的是你的身體有效率使用氧氣的能力。理想的有氧運動與所有你想像得到的身心健康效益有關。雖然很多人喜歡追逐最新、最棒的

運動趨勢，從高強度間歇訓練，到超級馬拉松，再到鐵人三項，但經常快走其實就能達到大半的運動目的，甚至是全部的運動目的。而我們運動的目的是什麼呢？就是身體狀況足以擁有長壽、健康與快樂的人生，這是《英國運動醫學期刊》於二〇一九年推出的步行特輯所下的結論。

艾曼紐．斯塔馬塔基斯（Emmanuel Stamatakis）、馬克．哈默（Mark Hamer）和瑪莉．墨菲（Marie Murphy）曾在一篇收錄於《英國運動醫學期刊》的研究文章中寫道：「無論是天氣晴朗時出門散步、走路上下班，或是走到家附近的商店，有節奏的行走就跟呼吸、思考和愛一樣，是人類的天生本能。」[25]

斯塔馬塔基斯等人進行的研究則是以英國各年齡層超過五萬名步行者為研究對象，經過研究發現，以一般速度、輕快速度，或是較快速度經常行走，能降低二〇%的總死亡率，也能降低二四%的心血管疾病死亡風險。這項研究的第一作者，也是澳洲雪梨大學運動、生活與人口健康教授斯塔馬塔基斯說：「想理解『輕快』速度有多費力，只要想像以這樣的速度連續行走幾分鐘之後，你就會喘不過氣來。」[26]

另一項於二〇一九年發表於《美國預防醫學期刊》（*American Journal of Preventive*

Medicine）的研究，調查將近十四萬名美國男性及女性，也得到同樣的結論：每星期快走至少一百五十分鐘，能降低二〇%的死亡率。[27]然而，這類涵蓋眾多人口的大型調查研究，往往忽略研究對象原本的基礎健康狀態，因此只能證實變項間具有相關性，並不能確切證實變項間的因果關係。畢竟身體很差的人不太可能經常快走，所以，有固定運動習慣的人死亡率較低到底是運動的功勞，還是因為他們的身體狀況本來就比較好呢？因此，我們還需要參考一些規模較小的研究，這些研究採取隨機對照試驗，才能有效說明運動與健康之間的因果關係。而隨機對照試驗的研究結果證實，步行確實能改善健康。

也有研究將步行與跑步等強度較高的運動做比較。雖然專家認為跑步的效果稍微優於步行[28]，但前提是你的雙腿沒受傷，而且也要經常跑才行，而超過五〇%的跑者（包括我在內）都很難做到自律。如果你喜歡較為費力的有氧運動，也能持之以恆，那就儘管去做。經常跑步、騎單車、游泳、跳舞都有益健康。但如果你受過傷，或是缺乏從事高強度運動所需的時間、設備、機會或是動機，也不必太過煩惱。只要每天都能快走三十至四十五分鐘，同樣能達到健康效益。事實上，已經有諸多證據顯示，快走可能是你這一生之中唯一需要的有氧運動。

研究有氧健身的科學是相對較新的產物，但研究的結論可是一點都不新。一八〇〇年代初期，丹麥哲學家索倫・齊克果（Søren Kierkegaard）寫信給正在與身心問題搏鬥的姊妹。他在信上寫道：「最重要的是，不要失去走路的欲望。每天，我都用雙腳走出健康與快樂，遠離每一種疾病。我最好的思想也是用雙腳走出來的。而且我知道，就算想法再怎麼沉重，走路都能使你擺脫煩惱。」[29]

無論你選擇的是步行還是有氧運動，最好能遵守一些基本原則，這些規則多半也適用於重量訓練。這些原則如下：

- 在你的行程表規畫專屬於運動的時間（我認為快走也算一種運動）。你不重視運動，不騰出專屬於運動的時間，就永遠不會運動。要把運動當成跟自己敲定的重要會議，因為運動本來就是一件重要的事。除非家裡出了急事，否則我不會讓任何事情影響我的運動時間。我會抱持這種想法並不是因為我有強迫症，相反的，運動能讓我保持神智清醒。
- 最好的運動時間，是你能持之以恆的時間。有些人喜歡早上運動，有些人則是選擇午餐時間運動，還有些人偏好在晚上運動。目前沒有強而有力的證據，能證明在哪個時段運動一定優於其他時段。

- 如果你剛開始培養運動的習慣，不妨先從輕鬆的運動開始，再逐漸增加運動的頻率、長度與強度，就不會因為一下子做得太多，導致不良的身體與情緒反應。對大多數人來說，理想的運動頻率是一星期做二至三次有氧運動，每次三十至六十分鐘。這樣的時間長度剛剛好，可以擠進繁忙的日常生活行程，長久堅持下也能產生實質的效果。
- 如果你住在冬季嚴寒的地區，又希望一整年都能步行或跑步，不妨使用跑步機。如果不想用或是不能用，也可以前往你家附近的購物中心，當成室內運動場地。許多室內購物中心會為走路運動的人提早開門，尤其是位於寒冷地帶的購物中心，有些購物中心甚至會組織走路運動的團體。
- 只要有機會，就盡量跟別人一起運動。原因先前已經討論過，就在本章關於「運動與社群深度連結」的小節。

有氧運動還有一個值得注意的重點。雖說所有的運動都是好運動，但如果有機會，有些運動最好還是在戶外進行。[30] 愈來愈多的證據顯示，在自然環境中運動，能增強運動的生理與心理效益。

看看我們人類源遠流長的歷史，就知道此言不虛。如今，不論是城市或郊區的人類生活模式（就像久坐一般），相對於以往的人類是較新出現的現象。根據哈佛大學昆蟲學家愛德華．威爾森（E. O. Wilson）提出的「親生命假說」（biophilia hypothesis）主張，人類經由演化，天生就有親近大自然以及其他動植物的傾向。威爾森認為，我們人類是在戶外的自然環境演化，因此天生就會受到自然環境所吸引。換句話說，對大自然的嚮往可能原本就存在我們的DNA之中。我們天生會覺得輕鬆自在的地方並不是市區或郊區，而是大自然。

日本的研究也呼應威爾森的假說。日本的科學家團隊安排數百人「森林浴」，在綠意盎然的環境悠閒散步。研究團隊在研究對象進行森林浴前後，量測參與者各種與壓力相關的生物指標。他們發現森林浴的效益遠超過在市區漫步，能降低壓力、減少交感神經活動，並且降低血壓及心率。史丹福大學進行的另一項研究則顯示，相較於九十分鐘的市區散步，經過九十分鐘的大自然漫步之後，研究對象表示自己的反芻思考行為減少，大腦與焦慮、憂鬱相關的區塊的神經活動也減少。研究團隊參考在市區漫步的控制組，得以確認有氧運動的效益，也能了解自然環境的獨特效益。[31]

這些研究讓我想起九十幾歲的肯恩。他經常步行，即使步行的速度對他來說有些吃力。不管晴天或與天，他堅持在住家附近步行，而且是在戶外繞著湖行走。肯恩自己可能不知道，他每日依循的運動原則，其實是天底下最理想的有氧運動法。

練習㉒ 在家也能做重量訓練

你可能會以為，重量訓練只適合健身房裡那些身穿背心的肌肉男，其實這項訓練適合每一個人。美國心臟協會（American Heart Association）與幾家大型研究機構都主張，無論年齡與性別，每個人一星期至少應該進行兩次重量訓練。研究也證實，重量訓練有如有氧運動，能增加肌肉量、降低體脂、擴大動作範圍，還能促進心理健康，增強大腦認知功能。

不過一般的重量訓練，確實是在健身房進行，而且訓練時需要多種設備。但很多人害怕健身房的環境，至少一開始接觸的時候是如此。有些人則對健身房收取會員費卻步，或是認為上健身房還要花上額外的通勤時間。別誤會！我絕對不是反對上健身房接受訓練。我很喜歡我家附近的健身房，也喜歡在那裡認識的重訓夥伴，更樂於承擔加入健身房需要額外付出的成本。

事實上，我認為健身房會員費大概是我花過最值得的一筆錢。所以如果你想加入健身房，我絕對舉雙手贊成。我想表達的意思是，並不是一定要加入健身房才能進行重量訓練。這個道理很簡單，但直到新冠肺炎疫情期間，世界各地的健身房暫時關閉，很多人才真正領悟到這個道理。其實你只需要花幾百元買個壺鈴，或是運用你自己的體重，就能在家進行重量訓練。

只要確實做好以下一些運動，你就能運用多種肢體動作，運動全身的主肌群。你還可以依據不同的環境、自己的體能與技能做適度調整。以我為例，在新冠肺炎疫情期間，我和許多客戶會在家裡或不會感到擁擠的戶外環境，交替做這些運動。你可以每一種做個幾次，或是全部做一輪。如果你想增加難度，也可以在做這些運動時，添加壺鈴或重量。✦

- 深蹲。
- 伏地挺身。
- 登階。
- 弓箭步。
- 屈膝橋式。
- 靠牆蹲。
- 棒式。
- 仰臥起坐。
- 雙槓撐體。
- 彎舉（若沒有重量，亦可使用裝滿的背包）。
- 波比跳。

✦ 此處並非正式的醫學建議。在開始從事任何一項新運動之前，最好先請教醫師。想了解更多簡單有效的重量訓練，請參閱我發表於二〇一七年十月號《戶外生活》雜誌的人氣文章〈極簡主義者的力量訓練〉（"The Minimalist's Strength Workout"）。

關於運動的最後一點想法

運動一直是我們人類歷史中重要的組成部分。直到近代，以所謂追求效率之名的久坐生活才成為主流。久坐的工作模式，正好也是現代人罹患慢性疾病、心理疾病、倦怠感大量出現的時候。運動絕對不是能治百病的萬靈丹，但絕對會對我們的身體有正向幫助。運動除了能增進身心健康，提升生活幸福之外，還能強化踏實人生的其他各項原則。

藉由運動，我們學會接納不適的感受，學會臨在於自己的身體，學會耐心，秉持著恆心緩慢前進。在挑戰自己、承擔失敗風險之際，也能勇於脆弱。運動也是建立社群深度連結與歸屬感的好辦法。經常運動，無論身在何處，對自己的身體都能有更完整的體驗。基於以上原因，想要擁有踏實人生，我們就必須運動。

PART 2

踏實生活的練習

第八章

從原則到實踐

了解踏實原則是一回事，真正落實在每天的日常生活中，並且養成一種習慣，則是另外一回事。你的想法不會造就你成為什麼樣的人，你的行動才會。想擁有踏實的人生，首先要改變心態，但改變心態之後，還要持續努力。就像如果你想要變得更強壯，光是坐著研究舉重是沒有用的，得要真正動手去做才行。

然而，當你進行踏實感的練習過程中，可能會面對來自個人與文化的阻力，尤其是現在的社會氛圍以及所擁護的個人英雄主義，全都與本書所提倡的踏實成功原則背道而馳。大多數人只在乎表面、外在的目標，渴望偉大、不朽與幸福。我們拚命追求快樂，追求微小的利益，心中念茲在茲的是效能最佳化，卻忽略去注意那些能讓我們健康、堅實、完滿以及強大的人生基本原則。

每一次，當我們的人生展開重大的改變，都難免會遭遇阻力。改變愈大，阻力也就愈大。這是邁向踏實人生的必經過程。在本章中，我介紹如何將踏實成功六大原則，順利引進你的生活，以及分享過程中常見的問題及解決之道。

最後，提醒你一點，不只是練習踏實生活的過程中會遭遇阻力，你在閱讀的過程中有時候會很順利，有時候則正好相反。大多數的日子往往是介於順利與不順利之間。我們所要追求的目標，並不是要做到最好或完美，而是要努力、務實的逐步成就踏實。我們現在就開始吧！

駕馭「期待」與「行動」的循環

我長期協助一位名叫帕克的客戶實踐踏實成功原則。他是一家提供專業服務的大型企業資訊長，在當上資訊長不久後來找我面談。帕克很高興能升上這個位置，卻同時有點惶恐。他以前也管理過大型團隊，但從來沒有經歷過不僅要管理員工，還要領導整個企業，甚至還要擬定詳細的創新研發與數據分析策略。要勝任新職，帕克必須完成日常例行工作，還要有能力自我抽離，洞悉全局，領導眾人。他不僅身在局中，還要主導全局。由此可知，具備這種全方位能力相當不容易。

我們面談一段時間後，我很快就發現，帕克是我看過最聰明也是最深思熟慮的客戶。他的思考很嚴謹，閒暇時喜歡閱讀、看紀錄片。他的目標是要成為一個冷靜沉著的領導者，希望贏得眾人的尊敬，進而獲得影響力。他不希望大家因為懼怕他的權威而對他唯命是從。他渴望在工作上有所斬獲，但前提是不能犧牲現有的一切。他希望即使當上資訊長，照樣能兼顧個人健康與家庭生活。此外，他也很想擺脫個人英雄主義的壓力。

在我們討論過踏實成功六大原則之後，帕克很快就開始實踐。他抽空進行練習，發現

「培養正念」、「培養聰明觀察的觀點」，以及面對自己的不安全感，試著「問自己真正想說的是什麼，然後試著說出來」這幾項練習特別有用。他不僅理解這些原則，也開始感覺到自己的轉變。但還是有一個問題：每當帕克在家裡或是沒有與我面談時，只要忘記認真執行這些原則，就會很容易陷入日常工作的忙亂，然後又開始覺得低落，直到我們下一次會談結束，他的心情才會重新好轉。

這種循環不斷重複好幾個月，直到有一次面談，他坦承的對我說：「其實我都懂這些原則。我只是需要運用在更多情況上。我只是需要實踐。」我聽見之後，向他露出微笑，他也微笑看著我。我們都知道眼前的路該怎麼走。帕克的分析一針見血，付諸行動可不是件容易的事。他在實踐踏實生活的過程中可能面對的阻力，是我會面對，你會面對，也是所有人都可能會面對的狀況。

你的內心如何看待自己是什麼樣的人，會影響你做出什麼樣的行為；而你做出的行為，也會影響你看待自己的方式。帕克的實踐落入一個相當常見的陷阱，他花很多時間與精神告訴自己踏實感的重要，也照著六大原則進行練習，強化內在的踏實，但是他沒有將這些原則應用於實際行動。也就是說，他在「期待成為的樣子」（being）與「實際做出的行動」（doing）之間並不一致。帕克沒有在兩者之間建立起良性的回饋迴路，反倒讓自己陷入僵局。他的日常生活填滿太多例行公事，而這些都與踏實成功原則背道而馳。

我們先前討論過認知失調，也就是你的思想、感覺、信仰與你的行為出現不一致，所衍生出緊張與痛苦的感受。伴隨認知失調而來的不適感是一種警訊，提醒你應該將你的思想、感覺與信仰，調整成更符合你的行為，不然就是該調整你的行為，以求更符合你的思想、感覺與信仰。更簡單的說，認知失調往往代表你必須將你「期待成為的樣子」與「實際做出的行動」調整得更為一致。就帕克的情況來說，他對於自己是什麼樣的人很有信心，但他需要更用心調整自己的日常行為。

只要你將自己的實際行動與自我期待調整為一致，認知失調的緊張就會消失。你將不再對抗自己，而會開始發現，你的行動更自在，你也會變得更加完整。

十四世紀初期，在一場知名的佈道上，心靈導師與神祕主義者埃克哈特大師向他的信眾誠懇呼籲：「我們不能拋棄、忽視或否定我們的內在自我，應該學會在內在自我之中，努力的**將內在的力量轉化為外在的行為**，**再將外在的行為回歸內在的力量**，我們就能用自然而然、無須強迫的方式，讓內在與外在保持一致。」[1]

對於大多數人來說（包括我自己在內），埃克哈特的提醒是最難實踐的。該如何扭轉我們多年養成的習氣慣性，用埃克哈特所說的無須用強迫的方式做出改變？要貫徹這種重大的轉變，大概是所有改變的過程中最不勵志，也最不令人振奮的環節，但也可能是最重要的環節。

結合所有的踏實成功原則

在我跟帕克合作期間，我們一同檢視他的實際行動與自我期待之間的落差。

舉例來說，他經常在晚上工作，雖然他明知道自己晚上的狀態並不好，更不用說晚上工作會讓他覺得壓力很大，還會影響睡眠。此外，他會刻意避免與同仁談到可能會傷感情的事情，尤其不想得罪那些在他升上資訊長之前，與他同一個工作層級的同仁。他同時專注在太多事情上面，始終覺得生活步調很匆忙，彷彿一直要追趕進度。他罹患冒名頂替症候群，內心深處很想拋開這一切，純粹做自己，卻又裝出自信滿滿的樣子。他知道只要經常運動，情緒與表現就會改善許多，但他沒有持續運動。最後，還有一點很重要，他覺得自己與其他企業的資訊長有點格格不入，覺得應該向有過類似經驗的優秀領導者學習。

後來，帕克與我決定要改變面談的重點。我們花較少時間在研究與策略上，花更多時間在思考阻礙以及解決問題。也就是說，我們要聚焦在理論的實踐，針對帕克的每一個問題，找出更符合他心目中理想人生的的行動方案。以下是我們想出來的幾種方案：

- 在晚餐時間關掉手機（**臨在**）。
- 重新開始做木工。帕克在升上資訊長之前，木工就是他的興趣，這也是他通往心流的大門。為了要重拾木工的興趣，他每星期得花三個晚上，待在他的地下室工作坊（**臨在**）。
- 每星期至少有三天步行一小時（**運動**）。
- 列出他必須與他人進行的困難對話。要承認並說出這些對話，有時確實讓人尷尬且難以啟齒，但還是要逐一完成，不要再推遲難做的事情（**接納**）。
- 晚上絕對不要把手機帶進臥室。後來我們發現這樣還不夠，就改成把手機留在樓下。他以前晚上起床去洗手間時，會習慣查看手機，害得自己在半夜時大腦高速運轉，很難再睡著。把手機留在樓下，就能改掉這個習慣（**臨在**）。
- 向他公司的董事會分享他的經驗，但要勇於公開承認他的不安全感。不要用「不一定」、「我不知道，我們再討論看看」之類的話來轉移自己的不安（**脆弱**）。
- 每週專心做的重要事項不要超過三項。針對每個重要事項，提出幾項行動方案。將重要事項與行動方案寫在記事卡，並貼在辦公桌上。不要一直被新的機會吸引，因為新的機會會一直出現，要專注在長遠的大業（**耐心**）。

• 積極參加研討會與資訊長聚會，向經驗豐富的領導者學習，同時感受他人的支持（深層連結）。

壓垮人的並非「負擔」，而是內心的「承擔」

帕克的困境不只是許多高階主管共同的問題，許多職業婦女也有相同的困擾。珊曼莎是一家企業的創辦人兼執行長。她的公司主要業務是協助專業上班族激發最好的表現與最佳情緒狀態。她跟帕克一樣，在與我面談後，也很快就理解踏實成功六大原則。我們還一起將這些原則納入她的公司方針。但是過了一陣子，珊曼莎開始遭遇困境。

現年三十幾歲的她曾是職業運動員，向來崇尚完美主義。她正著手以創投資金經營一家公司，同時也是九個月大嬰兒的母親。簡而言之，她是位忙碌的女性創業者，致力於打造一間幫助別人成為高效又自由的成功工作者，但她自己的內心卻時常感到脆弱與緊繃。

事實上，對珊曼莎來說，僅僅是流著淚對我說出她的困境，就已經是跨出一大步。她努力做個面面俱到的堅強領導者，獨立帶領一家成長中的企業，同時也認真扮演著面面俱到的妻子、面面俱到的母親。她感覺自己長年背負著沉重的負擔，一肩扛起照顧所有人的責任。

我很能理解珊曼莎。我也時常覺得肩上的擔子有點沉重（當然，跟她相比還是小巫見大巫），我也覺得自己應該隨時保持遊刃有餘，能解答所有人的疑難雜症，尤其是遇到重要的事情的時候。我期許自己能夠解決所有事情，實際做到會為我帶來成就感，但有時候真的會感覺很累。

經過討論過後，我和珊曼莎得到一個結論：**沉重的並不是負擔本身，而是我們內心的承擔**。珊曼莎這才恍然大悟，她只是嘴上說自己脆弱，其實並沒有表達脆弱。她既沒有向自己表達脆弱，當然也沒向身邊的人表達自己的脆弱。她前進的速度太快（也許是為了掩飾恐懼與不安全感），有時是基於恐懼而做事，更甚於基於愛而做事。她發現她的期待太高，有時高到簡直荒謬，所以她永遠不會滿意，永遠不會滿足。諷刺的是，害她無法前進的，正是這些過高的期待，以及隨之而來永不滿足的感覺。

我們決心在她的生活中實踐踏實成功原則。具體的做法如下：

- 每天提醒自己，創辦與領導一家新創公司很不容易。絕大多數新創公司最後是以倒閉收場。因此，她能走到今天，還能將公司經營得如此完善，已經是了不起的成就。更何況，公司累積的資本與文化還撐過新冠疫情期間的市場下修。後來，珊曼莎更在家中浴室的鏡子上寫道：「別再怕輸。要以贏為目的。」讓自己每天早上照鏡子時，都能自我提醒（**接納**）。

- 每天冥想十分鐘。騰出時間與空間，對不斷思考、不斷詢問、不斷質疑的大腦意識進行後設認知。要記得，有洞察力的意識才能分得清哪些是訊號、哪些是雜訊。你愈常練習使用意識，意識就會變得愈強大，也愈容易發揮力量（**臨在**）。
- 別再過度關注身邊其他新創公司的經營狀況。過度關注只會讓自己不斷變換想法。我們應該專注在自己的任務與目標上。當然，我們不能忽視市場，但也不必覺得需要立刻回應市場。要是覺得必須立刻做出反應，就回歸自己的任務與目標，去思考：這樣做，真的能讓自己往前進嗎？（**耐心**）
- 若是覺得遇到困難、缺乏安全感，就明確說出目前的情況。首先對自己說，再對著自己的支援系統說。珊曼莎的支援系統有我、她的丈夫，還有幾位好友與同仁。要記住，即使不順利也沒關係。遇到不順利時，若是無法接納，也不尋求協助，小問題也會演變成大問題（**脆弱與深刻連結**）。
- 改變運動的目的。運動不是為了參加全明星賽，而是為了追求身心健康。不要計較運動的效果。訓練不必追求特定的目標。不要讓運動成為另一項逼自己要一直保持顛峰狀態的事。在運動領域給自己施加壓力並沒有好處，運動就是要幫助自己拋開壓力。我的一位好友說得對，將運動當成嗜好，就不必計較輸贏（**運動**）。

選擇簡單，而非複雜

帕克與珊曼莎做出的改變，都不是基於深奧的科學原理，卻讓他們的人生從此改觀。經過幾個月的調整後，帕克改善焦躁不安的狀況，以往讓他覺得慌張不安的事情，現在愈來愈能處之泰然。他的睡眠品質也有所提升，精力變得旺盛，連他的醫師都為他開心。與剛升上新職相比，一年後的他血壓就降至十幾年來的新低。

珊曼莎則感受到一種截然不同的放鬆，彷彿原本瀕臨爆炸的鍋子突然釋放出壓力。她發現即使自己無法一直保持遊刃有餘，也無須感到害怕或必須刻意固守現況。畢竟，不完美乃是人之常情。她偶爾還是會有不安全感，覺得緊繃，但她沒有抗拒這些感覺，而是學著接納。一旦願意接納，這些感覺就變得沒那麼強烈，出現的時間也更短。她能將更多的時間與精力，用於迎接下一次的挑戰。

帕克與珊曼莎所做的改變雖然簡單，卻能發揮巨大的作用。事實上，正是因為簡單，作用才會更為強大。我們常把事情弄得過於複雜，其實是為了逃避現實，不想面對「行為改變真正的關鍵，是持續不間斷的努力」。

改變不是用夢想的，不是用思考的，不是用講的，而是要用做的。

你把事情弄得愈複雜，就愈容易覺得興奮，愈想要向人談論，興沖沖的開始行動，但往往卻愈難長期堅持。複雜會給你退出的藉口與途徑，以及無數不停變換的選項。

簡單則有所不同，你無法躲藏在簡單後面。你必須日復一日的實行，朝著你希望達成的改變而努力。

成功會直接呈現在你面前，失敗也是。這種迅速又直接的回饋，能讓你了解哪些策略有用，同時調整沒用的策略。

發揮習慣能量

你大概聽過有人說，養成一個新習慣需要二十一天。這個迷思誕生於一九五〇年代，當時有一位整形醫師麥斯威爾．馬爾茨（Maxwell Maltz）發現，他的病患在完成手術三週後，就適應自己的新面孔。他也發現自己大約需要二十一天，才能養成一項新習慣。他將自己的發現寫在一九六〇年出版的心理勵志書《改造生命的自我形象整容術》（*Psycho-Cybernetics*）中[2]，創下數百萬本的銷售量。他的發現確實很有意思，但問題是，這只是他的個人觀察，並非經由大量數據累積而成。

幾十年後，科學家以較為嚴謹的科學方式，對於習慣的形成進行研究。例如二〇〇九年，倫敦大學學院的研究團隊在《歐洲社會心理學期刊》（*European Journal of Social Psychology*）發表一項研究，研究中追蹤九十六個想養成與飲食相關新習慣的實驗對象，希望探究新習慣「達成自動化」的狀況。你可以將自動化想成是不必經過多少思考、努力或是內在抗拒，就能順利展開行動。用我們之前提過的概念來說，就是毫不費力的讓自我期待與實際行動之間沒有差距。

結果發現，研究對象平均需要花六十六天養成新習慣。但每個人需要的時間差異甚大，有些人只需要十八天，有些人則需要兩百天以上。當然，大多數人都希望天數愈短愈好。[3]

人是習慣的動物，養成新習慣（或戒除舊習慣）並不容易。古代東方心理學就有個名詞叫做「**習慣能量**」，意思是指影響我們絕大多數日常行為的個人與社會慣性。習慣能量就是我們向來的行事風格，是文化明裡暗裡鼓勵的行事風格，就像帶動我們人生長河的水流。一行禪師說：「習慣能量比我們更強大，無時無刻在推動著我們。」[4]對抗習慣能量就好比逆流游泳，費力且徒勞。幸好，我們並不需要一再對抗習慣能量。我們可以進一步將習慣能量塑造成有用的工具，讓我們的自我期待與實際行動更加一致。

最新的心理科學也呼應古老的習慣能量概念，證明僅僅憑藉意志力，硬是想養成新習慣，不僅表現會變差，也無法持久。[5]一直抗拒回歸舊行為的欲望是非常吃力的。一再動用意志力的結果，是耗盡意志力。而且一再與自己鬥爭，生活不會平靜。

想改變習慣，有個比憑藉意志力理想得多的方法，那就是將動用意志力的需求降到最低，更理想的狀態是完全不需要動用意志力。方法是這樣的：一、思考你想要（或不想）做的日常行為；二、建立有助於這些行為發展的條件；三、找出會阻礙你的因素，包括那些一再消耗意志力的東西，盡量予以消除。

我們不妨這樣想：無論你多麼想吃健康營養的食物，你若是一直待在糖果店，就會吃下一大堆糖果。所以一定要走出糖果店。反過來說，也要找出能幫助你養成習慣的人、地、物，讓這些因素時常出現在你的生命中。圍繞在你身邊的助力愈多，你就愈不需要依賴你的個人意志。

所有的踏實成功原則都是互有關聯的。因此，你為了養成習慣，經歷這個過程的次數愈多，會覺得一次比一次更容易調整。簡單來說，你改變了水流，也就是你的習慣能量的方向，朝向更踏實的方向前進。改變一旦開始，你就會順著水流，而不是逆流而行。你的認知失調感變少了，也更容易能達到一致性。這就是屬於你的踏實生活。接下來的練習，能幫助你完成這種轉變。

練習㉓ 保持一致性

在第三章，我們提到古代佛教「選擇性的灌溉」概念。我們每一個人都有各種潛在的能力與心態，那就像是我們的種子。我們灌溉哪一種種子，就會讓那些種子成長。

想擁有無法撼動的踏實感，只做練習是不夠的，我們還必須持續灌溉種子。以本書的踏實成功六大原則來說，就是指在日常生活中，持續灌溉六類種子：接納、臨在、耐心、脆弱、連結、運動。同時，我們也不能灌溉阻礙這六大原則發展的個人英雄主義種子，例如：否認、分心、為求快而求快、傲慢、舉世無雙，以及硬要將一切推向效能最佳化的欲望。

我們要針對每一項踏實原則，想出一至三項你能採取的具體行動方案，同時列出一至三項最好不要再做的具體行動。盡可能將每一項原則想像成你的自我期待，而你該做的是列出你的日常實際行動，讓行動盡量與自我期待保持一致。

你列出的行動方案要盡量簡單，但要盡量具體。舉個例子來說：「**少用手機，多運動**」，這個想法很簡單，但不夠具體。應該要改成：「**每天晚上七點關掉手機，放在書房桌子的抽屜，隔天早上七點再拿出來**」，或是，「**每天午餐前要步行四至五公里**」。

史丹福大學福格教授所做的研究證實，成功的習慣有三項特質：會產生影響、讓你擁有執行的技巧與能力，而且這是你確實想做的行為。[6]最後一項特質格外重要。你若是想，我**應該**做這個、做那個，改變所面臨的阻力可能就會大得多。最好從你真心想做的改變開始，即使這些改變並不完美，那也無所謂。要記住，一開始不要貪多，維持簡單，而且始終都要具體。以下幾個例子提供你參考：

- **接受**：我發現自己拼命想改變人生當中的某件事情時，就會先暫停，問我自己：「如果遇到相同遭遇的朋友，會給對方什麼建議？」然後，我會照著這個建議去做。如果發現有無法控制的因素，導致情況很棘手，我會退後一步，思考我的期待。如果我的期待太高，高到不切實際，就要調整我的期待。

- **臨在**：我每天早上刷牙之前，先不查看電子郵件，也不看社群媒體，而是先冥想。我會善用手機，開啟一款正念冥想應用程式「Insight Timer」，先從五分鐘開始，每星期增加一分鐘，直到十五分鐘為止。等到滿十五分鐘，我再重新評估這項練習。
- **耐心**：我每天三餐之前，都要練習「3乘5呼吸法」（見一三六頁）。如果跟朋友、同事出門在外，我可以向他們解釋這個練習。要是我覺得不自在，也可以取消用餐。
- **脆弱**：我的另一半或是好友問我是否安好，我不會每次都說：「我很好。」要是感到悲傷或害怕，我會告訴他們。要是心情不好，又獨自一人，我不會再逃離這些感覺，而是營造一個安全的空間，探索這些感覺，甚至主動向他人尋求協助。

- **連結**：我會發起一個每月聚會的讀書會，討論包括這本書在內的書籍（請見推薦書單）。我不會再使用手機上的社群媒體，因為那會讓我很容易接觸到容易上癮且膚淺的群體與社交模式，妨礙我經營實質的人際關係。我不會依賴意志力，而是會真正動手刪除應用程式。
- **運動**：我每天若是連續久坐九十分鐘，絕對會起身步行至少五分鐘。

你擬訂好具體計畫，將日常的實際行動與自我期待調整為一致。下一步就是執行。對於許多人（包括我在內）而言，這是最困難的一步。

在踏實感的練習期間，我們的內在通常會因踏實而感到強大，但一旦回到熙熙攘攘的日常生活，這種感覺往往就會消失。這並不是因為本來就會如此，而是因為我們的行為並沒有做出調整。正如我的客戶帕克所言：「我覺得其實我懂這個東西，我只是需要更善加運用。」這意味著我們需要改變習慣能量。

練習 24 改變習慣能量

大多數的人類行為都依循著可預測的循環模式：觸發、行為、酬賞。運動就是一個很簡單的例子。「觸發」就是你貼在冰箱門上的運動計畫，「行為」就是上健身房，「酬賞」就是運動過後感覺很好。

對於你想養成的行為，目標就是安排明顯的觸發機制，要讓行為愈容易開始愈好，酬賞則是必須立刻發生，而且令你滿意。至於你想戒除的行為，則剛好相反。要消滅觸發機制（移除手機上那些容易上癮的應用程式）、讓行為難以進行（每次在網路上使用這些服務之後就登出，這樣下次要再使用時，你就得記得並輸入使用者名稱與密碼），並且要接納並深深感受負面的後果（原本只打算使用一分鐘，卻花了一小時在這些應用程式上，心中產生那種不安與空洞的感覺）。

這種循環模式能運用在任何事情上：具體說出你想做的事情（或是不想再做的事情），設計（或是消除）觸發機制，讓行為變得容易（或是困難），再實現酬賞（或是後果）。

根據密西根大學行為科學家蜜雪兒・西格（Michelle Segar）的研究發現，酬賞若是內在的，習慣就能維持更久。如果你做事是為了討好別人，或是為了贏得他人的重視，那麼你做這件事可能不會持久；相反的，若是為了讓自己開心，或是基於核心價值而做，那麼就會做得踏實而持久。[7]

對本書讀者來說，西格的研究真是個好消息！因為實踐踏實成功原則，本身就很愉快。你愈是改變你的外在行為（你的日常習慣），讓它貼近你的自我期待（你想體現的踏實成功原則），你的感覺就會愈好。

習慣能量的慣性很強大，所以這種現象可能不會自動發生。但你做出幾項改變之後，一旦這種現象開始發生，後續的改變就容易多了。這是走向更為踏實的人生的良性循環。每一個改變都有助於下一個改變。愈往後面就愈順利。

最強大的酬賞是內在的，所以要思考你做（或是不做）的每項行動，會帶給你怎樣的感受，即使你必須暫時停頓下來，也要用心感受這些感覺。同時，要思考如何設計你的環境，包括人、地、物，以便更容易養成想要的習慣。找出阻力，盡力予以撫平或消除。

習慣告訴我們，不要小看身邊的任何東西，以及任何人的觸發力量。古代智慧告訴我們，要盡量改變你的習慣能量的方向，也就是你的人生長河水流方向，踏實的朝前邁進。

接下來，我會以踏實成功六大原則為例，解釋「目標行為」、「觸發」、「酬賞」、「如何設計你的環境」的運作方式。

原則一：接納

- **目標行為**：學會「自我抽離」，冷靜的思考問題。
- **觸發**：總想著怎麼沒得到想要的升遷，或是總希望自己在睡前有更多時間減壓。
- **酬賞**：終止強迫性思考的循環，思考能採取哪些有效的行動，讓情況更好。
- **如何設計你的環境**：製作一個小手鐲戴在身上，上面刻著「這是現在的狀況。這是你現在的處境。就從這裡開始。」

原則二：臨在

- **目標行為：**每天早上在刷牙前或刷牙後冥想，而不是查看社群媒體。
- **觸發：**一覺醒來就拿起手機。
- **酬賞：**更專注在真正重要的事情上。更清楚哪些干擾經常讓我分心。
- **如何設計你的環境：**我的智慧型手機首頁畫面只有Insight Timer（或其他冥想應用程式），沒有其他應用程式。把智慧型手機的社群媒體盡量移除。找到一個也想這樣改變的朋友，方便互相監督、彼此鼓勵。要有一開始會很困難的心理準備，真的遇到困難才不會放棄。

原則三：耐心

- **目標行為：**「3乘5呼吸法」。
- **觸發：**餐點。
- **酬賞：**立即擁有成就感與平靜。長期下來，你會逐漸意識到，我感覺煩躁，並不代表我就得有所反應。我可以暫停下來，集中精神，給自己一些空間做出回應，而不是立刻反應。

● **如何設計你的環境**：與家人分享這個練習，讓他們助我一臂之力。把小記事卡用膠帶貼在我平常坐著的桌面上，上面寫著「深呼吸五次」。如果在吃飯時間不方便做這件事，就會在淋浴時做，讓淋浴成為另一種觸發機制。

原則四：脆弱

● **目標行為**：更坦誠與至親好友分享內心的感受、停下來真誠回應，而不是想都不想就說「我很好」。

● **觸發**：我的女友莉莎或我的好友賈斯汀問我心情如何。

● **酬賞**：與至親好友更親密，少花些精力假裝自己很好。更有信心在包括工作在內的人生其他領域，展現更多的脆弱。

● **如何設計你的環境**：先告訴莉莎與賈斯汀，我正在訓練自己展現更多脆弱，就能稍微減少一開始的不自在。他們感受到我的脆弱，也會勇於在我面前展露自己的脆弱，彼此形成真誠的良性循環。

原則五：連結

- **目標行為**：參加（或發起）每月聚會的讀書會。
- **觸發**：每月第一個週三晚上。預先規畫一整年聚會，方便參與者事先規劃。
- **報酬**：與志同道合的朋友關係更緊密。一起實踐讀書會推薦好書中提倡的原則與練習，互相加油，互相監督。從更多元的觀點思考所閱讀的書籍。
- **如何設計你的環境**：移除手機上的社群媒體，因為社群媒體常常會蠶食實體的人際連結。用簡訊群組取代社群媒體，讀書會的成員與我在正式聚會之外的時間可以保持聯繫，維持團體動力。

原則六：運動

- **目標行為**：每次久坐五十五分鐘，一定要起身步行五分鐘。
- **觸發**：感覺需要上洗手間，或是我在電腦、手機設定的鬧鐘。只要開始覺得焦慮，或是有被困住的感覺，就會看看是否已經坐著一小時。如果是，就起身休息一下。

- **酬賞**：身體比較不僵硬，更有創造力，更能專注。
- **如何設計你的環境**：買一個好的水壺，走到哪裡就帶到哪裡。水壺要時時裝滿，時常喝水。如此一來，我就必須常去洗手間。我也會在固定工作的地方設計步行路線，就不必煩惱該去哪裡走路。

練習25 寫日誌

經常留意你的實際行動是否與你的期待保持一致。一個簡單的方法是寫日誌。在每個週末，花幾分鐘反省你在踏實成功原則的表現，依據你的實際行動與自我期待一致程度給予評分，最低一分，最高五分。同時也要記下哪些地方進行得很順利，哪些進行得不順利，你對此的感覺又是如何。盡量寫得簡單直白。透過這個練習，你會明白自己有哪些值得耕耘的長處，以及需要改進的地方。你也能在逐步走向更踏實的生活過程中，思考自己的感受。

這個練習也能幫助你記錄下自己的旅程，以便未來回顧。舉例來說，在我寫下「花太多時間上網看新聞」、「一天做的事情之間過渡時間不夠長」的那幾個禮拜，通常是我心情不太好的時候。反思自己的紀錄，就能為下一週的踏實感練習做好準備。

久而久之，你的期待與實際行動之間的循環會變得愈來愈完整，踏實成功原則也會逐漸在你的生活中扎根，也許你就能減少這項練習的次數。你的行動將逐漸變成自然而然的習慣。

不過，我還是建議繼續寫日誌，或是至少一年進行一次某種正式反思。哪怕是短時間的反思，效果都十分驚人。

你與其他人分享這個練習，也許效果會更上層樓。

練習㉖ 建立你的踏實成長團體

現在的你已經很清楚，跟他人一起克服挑戰，通常比單打獨鬥來得有效，心情也會更愉快。實踐踏實成功原則的好辦法，就是大家一起來。邀集一群志同道合、願意實踐踏實成功原則的人，舉辦定期聚會。

就我個人的經驗，這種團體的規模最好維持在二至八人。聚會時，要討論你們的目標、共同面臨的挑戰、成功以及失敗，並分享大家的策略與工具。請記得，要互相監督，但當有人開始動搖，不要責備他，而要給予加油打氣。

團體運作的方式有很多。你們可以每週聚會、隔週聚會，或是每月聚會。每次討論一項原則即可。亦可規畫一整天的活動，每項原則討論一小時。總之，發揮創意就有無限可能。

踏實成功原則所蘊含的力量與影響力一旦擴散，就會呈現等比效應。在你的生活中的人與組織，是推動習慣能量一股重要的力量。想像一下，如果你的家人、社區團體、同事全都一起實踐踏實原則，自己實踐起來就會更加容易。第六章的「弗拉納根效應」告訴我們，一群人一起實踐踏實原則，不僅自己受益，團體的每一個人也都能受益。

踏實原則也適用於組織與社會層面。一個重視並做到接納、臨在、耐心、脆弱、連結、運動（運動能提升整體的身心健康）的組織與文化，絕對會邁向踏實成功之路。我發現無論在怎樣的環境，無論是運動隊伍、大學系所、創意工作室、小型新創公司，還是大型企業，很多人都很想在自己的組織與社會推動踏實成功原則。這並不讓人意外，每個人都想擁有內在力量、深度自信、穩定，以及更令人滿足的成功。每個人也都希望在自己所屬的組織與社會，能擁有踏實的成功。

想在組織裡推動踏實成功六大原則，就像在個人生活中的實踐，採取簡單、具體的行動方案最有效。以下是我曾合作過的組織實踐踏實成功原則的例子：

- **接納**：面對每一個重大策略決策，都要問：「我們哪些地方會出錯？」在高風險的情況，要指定特定對象扮演唱反調的角色。討論可能會引發強烈情緒的主題，尋求外界的觀點。

- **臨在**：在重要會議中，不使用手機及其他數位裝置。有些運動隊伍在運動及訓練期間也這樣做。
- **耐心**：衡量績效的策略必須注重長期成長，更甚於短期成果。設定長期目標，再分解成許多小目標，一一達成。
- **脆弱**：身為領導者要坦誠，按照第五章介紹的步驟，為員工創造心理安全的空間。
- **連結**：為員工開設讀書會。讓大家投票表決要看哪些書，給予每位參與者肯定與支持。
- **運動**：鼓勵「走動式會議」（如果許可的話），在辦公環境設置健身房與淋浴間。若難度太高，就與本地的健身房合作，開放所有員工免費入會。

關於從原則到實踐的最後一點想法

幾乎每一個人，偶爾都能專注在有意義的行動上，尤其是經過深刻領悟之後。但改變若要持久，就要每天持續不間斷去做。在這一章，我們學到如何讓自我期待與實際行動保持一致。我們也了解改變習慣能量的過程中，會出現哪些常見的問題。我們討論到透過簡單而具體的方案，灌溉我們想灌溉的踏實種子，以及會出現哪些效益。我們也發現與其純粹依靠意志力，不如刻意設計環境來推動這些行動。我們還探討灌溉每個種子的具體計畫，不只能運用在正式練習，也能運用在日常生活。也明白一路上如果能有志同道合的同伴，踏實成功原則的力量會有多麼強大。

下一章是本書的最後一章，我們要回頭探討對於個人以及整體社會而言，實踐踏實成功原則為何如此重要。我們也會發現，追求踏實成功這條路上並沒有終點。道路就是目標，目標就是道路。眼前最迫切、重要且時而艱難的任務，其實就是如何在這條路上堅持下去。

第九章

放下結果，專注過程

倘若繼續照著之前的方式過活，個人英雄主義所衍生的倦怠、焦躁、焦慮、憂鬱、孤獨與成癮，將依舊如影隨形的困擾著我們。不改變的代價極其高昂，我們需要一套更新、更理想的生活方式，那就是實踐「踏實成功六大原則」。我們必須竭盡所能，創造一個能讓自己全心投入的環境，培養接納、臨在、耐心、脆弱、連結、運動的生活。從古代智慧、現代科學，到重視踏實者的成功經驗一再證明，這些原則能夠發揮出強大綜效，奠定邁向快樂、健康、充實與真正成功人生的堅實基礎。

專注踏實有時不如大家想像的那麼簡單，甚至可以說具有一定的挑戰性。人們往往不自覺的依照過去的經驗或社會觀念行事，而不是依照本書所提出的原則行事。因此，想要持續實踐本書中的原則，更需要有意識的努力克服個人與文化上的慣性。

踏實感的練習必須持之以恆，才能獲得最大效益。然而如同任何一種練習，一路上必定會經歷許許多多的高峰與低谷。當一切都很順利時，你可能會感到充滿希望與幹勁；但有時候，可能一段時間後你又故態復萌，回到過去的行事與生活方式。請別擔心，這些都是正常的。一位不知名的日本禪師曾說：「所謂練習，就是我們不斷累積，然後累積起來的東西瓦解，我們又開始累積，接著又瓦解。事實就是這樣。」

本書的最後一章，我們要以全新的角度思考練習，包括應該如何累積，以及遇上瓦解時又該怎麼辦。徹底明白之後，你就能全心踏上踏實人生的道路。

重新定義練習

當你聽見「**練習**」兩個字，第一個想到的是什麼？也許你會想到運動員在比賽前的練習，或是音樂家為鋼琴獨奏會所做的準備。多年來，我也是這樣定義練習的。但在本書中，我採取的是更寬廣的定義：練習就是刻意用心做一件事情，並期待能藉由這樣的過程持續成長。所以在過程中，你必須仔細留意所收到的回饋，包括自己內心所產生的內部回饋，以及你所信任的人所提供的外部回饋，並且適度做修正。

你可以做寫作練習、司法練習、醫學練習、跑步練習、親職教育練習、領導練習、諮商練習、教學練習、創作練習，或是冥想練習。練習的藝術可以運用在你想提升的任何東西，無論你的目標是將馬拉松完賽時間縮短兩分鐘，增強公眾演說能力，或是成為更堅強、仁慈、睿智、踏實的人。總而言之，當我們把一件事情變成一個練習時，就會從「你現在正在做的一件事」，瞬間轉變為「你持續努力改變的一個過程」。

紐約大學歷史與宗教教授詹姆斯・卡斯（James Carse）將這種練習稱為「無限遊戲」。卡斯在他那本前衛的經典作品《有限與無限的遊戲》（*Finite and Infinite Games*）寫道，有限遊戲是有輸有贏，有明確結局的遊戲；而無限遊戲則顧名思義，指的是沒有結束的時候，整個遊戲的目的就是繼續玩下去。[1]

如果將某件事視為孤立的活動，那麼做完以後就會對結果做出「好」或「壞」的判斷，然後這件事就此結束，然後隱沒於記憶深處；相反的，如果將它視為練習，就能自然衍生出持續的學習、有意義的改變，以及長期的效果。當你把當下的努力視為練習，你依然會經歷「好」與「壞」、「成」與「敗」的起伏。但是，這只是一個過程中的一部分，那個更大的過程才是練習的真正重點。真正重要的並非最終得到的結果，而是不斷自我增進的過程本身。換句話說，結果是短暫的，人生超過九九％都是過程。

哲學家泰瑞．佩頓（Terry Patten）在其著作《新的心靈共和國》（*A New Republic of the Heart*）寫道，人生中的滿足感，多半是從「**追尋者**」（想要擁有某種生活方式的人）轉變為「**實踐者**」（實踐這種生活方式的人）的過程中，所得到的意外收穫。面對「期待成為的樣子」與「實際做出的行動」之間的落差，佩頓告訴我們建立良性迴路的真正關鍵：

> 規律、持續不斷、有意識的練習，都是終其一生的重要功課……無論我們現在正在做些什麼，都會強化與所作所為相關的神經迴路……我們現在做出怎樣的行動，未

來就更可能成為怎樣的人。**這意味著，我們一直在練習某些東西**。[2]

要實現任何有意義的改變，都需要有意義的練習。當你開始踏上通往踏實人生之路，請牢記下列幾個重點，這些重點我們在前面幾章都曾詳細討論過，它們是進行踏實感練習時的最高指導原則。

- **不必執著於特定的目標**。要專注在當下的情況，**此時此刻**盡全力運用踏實成功原則。放下對結果的執念，專注的投入過程，反而更容易達到理想的結果。
- **有意識的行動**。在做任何事情時，都要刻意盡量讓自己謹守踏實成功的原則。人生中確實有很多事情是你無法控制的，但也有很多事情是你可以控制的。請專注於你能控制的事情就好。
- **盡可能與志同道合的人合作**。需要幫助時別害怕開口，求助並不是軟弱的表現，而是力量的展現。
- **眼光要放長遠，要有偶爾會失敗的心理準備**。做好心理準備，遭遇失敗時就不會因為陷入混亂而手足無措。失敗只會變成過程的一部分，是你學習與成長的養分。

- **不必依循個人英雄主義的文化標準，別拿自己跟其他人比較**。請跟以前的自己比較，以當下投注的努力程度來評價自己。

在中國與日本等傳統東方智慧中，都將「練習」精簡為「道」的概念。道代表練習永無止境的特性，那是一條沒有終點、持續學習與精進之路，是真正的無限遊戲。從這樣的角度看待踏實感練習，那麼即使有時難免偏離正軌，也不要緊，你該做的只是讓自己回歸正軌。

回歸正軌

包括我在內，很多人經常會落入一個常見的陷阱：當你讀完本書，開始明白自己應該做出哪些改變；然後你努力投入、確實完成改變，感覺好極了；然而好景不常，接下來經歷的一連串挫折與失敗讓你陷入崩潰，於是再度回復還沒做出改變前的生活。老實說，我從來沒看過有人完全沒有遭遇失敗的打擊，就能夠做出有意義的改變。

成功改變的重點，並不在於「會不會失敗」，而在於「如何應對失敗」。一切順利的時候，任誰都可以充滿幹勁、努力不懈的堅持下去；但失敗之後還能重振旗鼓的人，卻是鳳毛麟角。這可不只是我的個人觀感，每年都有為數眾多的人親身證明這點。根據斯克蘭頓大學（University of Scranton）對「新年願望達成率」的研究，結果顯示在許下新年願望的人當中，超過四〇%的人在二月前就放棄實現願望，接下來堅持下去的人愈來愈少，等到年底前，九〇%的人都已經放棄。[3]這並不是因為大家的意志軟弱，而是因為改變自己的生活方式並不容易。

為什麼多數人的新年願望無法實現？我想其中一個原因是，他們認為自己必須達成理想中的願望，如果情況看來不太理想時，就會對自己感到失望和沮喪。改變愈是困難，你就愈有可能失敗、愈有可能故態復萌。遇到這種情況時，你的反應至關重要。如果你採取自我放棄的態度，心想：「**算了吧！這樣的改變大概不適合我。**」自然很難得到什麼好結果；相反的，如果你對自己過度苛責，心想：「**我為什麼總是做不到？我真沒用！**」失敗或故態復萌的問題只會更加嚴峻。

根據《性格與社會心理學公報》（*Personality and Social Psychology Bulletin*）於二〇一二年發表的一項研究發現，面對失敗能展現自我慈悲的人，重振旗鼓的速度會比嚴厲批評自己的人快。在這項研究中，加州柏克萊大學的研究人員茱莉安娜·布里恩斯（Juliana Breines）以及賽琳娜·陳（Serena Chen）請研究對象思考自己的弱點，再刻意安排情境讓研究對象遭遇失敗。研究結果發現，熟悉自我慈悲技巧的研究對象，更有信心去克服自身弱點，也較能仔細探究自己失敗的原因，而不是直接放棄。兩位研究人員寫道：「我們得到一個乍看之下似乎有點矛盾的結論：坦然接受自己的失敗，反而會有助於自我改進。」[4]

德州大學克莉斯汀．涅夫（Kristin Neff）的研究發現，如果你老是責怪自己搞砸事情，就會容易感到內疚或羞愧，而這樣的感受正是你一蹶不振，無法回歸正軌並繼續未竟旅程的關鍵所在。涅夫進行的一系列研究明確告訴我們一件事：「在艱難與掙扎的處境中好好善待自己，能讓你獲得成功與茁壯所需的復原力。」[5]或許昨天你不慎錯過完成夢想的最佳時機，但那又何妨呢？今天繼續努力，依舊能讓你縮短與夢想間的距離。一味苛責和打擊自己，不過是在浪費寶貴的精力和時間。

談到行為改變，過去許多人相信有兩種極端對立的狀態，一種是積極承擔責任、發憤圖強；另一種則是體諒自己的處境，給自己足夠的愛與關懷。然而這是錯誤的想法，兩種狀態並非互斥，而是彼此互補。在行為改變的過程中，兩者都不可或缺，你不僅需要嚴格自律，也需要展現自我慈悲。

在第二章，我們曾經詳細討論過自我慈悲的重要性，這件事值得我們再次複習一下。自我慈悲的練習，能夠幫助你堅持走在通往踏實人生的道路上：

- 不要再斥責自己。
- 面對失敗以及腦海中自我批判的聲音時，把自己當成哭泣的嬰兒來對待。
- 發明一個真言，用來打破負面思考循環，幫助自己回歸正軌。例如：「**這是現在的狀況，我會盡全力去做。**」

我與蘿倫女士已經合作一段時間。她是一家成長迅速的大型科技公司高階主管，也是創立公司的元老之一。這間公司員工規模已經超過六百人，創立初期的資深員工幾乎都已離職，蘿倫現在是全公司最「老」的人（不是年齡老，她才三十幾歲而已，而是年資老）。

蘿倫具有相當優秀的專業能力，也是一位很好的領導者，但她的問題出在有時「太過在乎」，總是覺得公司就像她的寶寶，她有責任帶領公司邁向更加璀璨的未來。你猜得一點也沒錯，在我為她提供諮詢的過程中，協助她努力實踐踏實感的練習，其中著力最多的部分正是自我慈悲。

詩人艾略特（T. S. Eliot）曾寫道：「教導我們在意，也教導我們別在意。」蘿倫的個性就是很難不在意，這讓她那發展極為快速的職涯進程，開始面臨瓶頸。她既聰明又理性，所以問題肯定不是出在她的頭腦。那麼問題出在哪裡？問題是出在她的心，她必須學著柔軟一些。

有些人誤以為女性領導者本來就很柔軟，其實有時候情況並非如此。後來，蘿倫運用踏實感的練習，學會感受自己的每一種情緒，再完成比較困難的部分，亦即創造一個空間容納這些情緒，自己才不會被情緒壓垮。她一旦將有紀律、愛研究的理性大腦，與更柔軟、更寬廣的心結合在一起，就能成為更踏實、更銳不可當的領導者。更重要的是，她也會成為一個更踏實、更健康的人。

腦與心

有一句最膾炙人口的東方真言是「唵嘛呢叭咪吽」。將這句梵文譯成英文的意思大致是「珍寶在蓮花上」。這句話有很多種不同的解釋，但心理學家暨佛學家傑克．康菲爾德(Jack Kornfield)解讀這句話的象徵意義為：「將『腦』的珍寶安放於『心』的蓮花之上，慈悲應運而生。」[6]

西方文化通常傾向將「腦」與「心」分開，認為大腦負責理性思考，能夠處理鐵錚錚的客觀事實，判斷好壞與對錯；而心則是柔軟的、帶有情緒的，要是太在意自己的心，就會變得軟弱或偏離正軌。但真理卻是完全位在這兩種極端之外。唯有當「腦」與「心」合而為一，用愛與慈悲去做正確的事，個體就能「如鑽石般透徹」，發揮出最強大的力量。

無論是你、我或任何人，想擁有踏實的人生，就要將「腦」安放於「心」之中。我們必須能夠覺察自己偏離正軌，然後一次又一次向自己展現回歸正軌所需的理解與慈悲。在我們實際應用踏實成功原則於生活之前，這些原則似乎是全然理性與完美的擺放在我們的腦中；但現實世界是混亂的，若要將本書中改變人生的智慧付諸實踐，我們需要同時仰賴自己的「腦」與「心」。

走在正途，偏離正途，然後回歸正途。

這條路就是這麼簡單，同時也就是這麼難。

結語

二〇二一年初，在本書付梓之際，新冠肺炎仍然肆虐著大半個地球。與此同時，歐美各地紛紛爆發呼籲社會正義的大規模示威。這些事件為世界帶來極為深遠的影響與改變，這不是我們此生遭遇到的第一波亂流，當然也不會是最後一波。面對突如其來的巨變，迫使大家不得不停下腳步，去思考：「**我為何而存在？我希望擁有怎樣的人生？在轉眼即逝的時光中，我想要做些什麼？**」無論你是在二〇二一年還是二〇五一年閱讀這本書，都應該問自己這些問題。這些問題是永遠不會過時的。

我在本書中曾指出，我們耗費太多時間與精力去追逐傳統所謂的「成功」，例如金錢、名氣、地位，到如今社交媒體上粉絲的數量。然而，實際上這些東西並不如表面上看起來那麼重要。我並不是說我們從此無須做任何努力，而是應該把更多時間和精力，用來經營更深層、更內在的基礎，這才是我們盡一切努力的真正根源。如此一來，我們將會改變成功的定義、追求成功的動力，以及最終所獲得的滿足來源。我們仍然有機會不斷創造更高的成就，不過是從建立更堅實穩固的基礎做起。我們將感覺更好、表現更好，也會成為更好的群體中的一員。

想想阿道斯・赫胥黎（Aldous Huxley）在經典小說《美麗新世界》（*Brave New World*）中描繪的那個反烏托邦世界，當人們被宰制心靈的無形力量所控制時，會發生什麼情況？膚淺的刺激造就出極端乏味的人生，而那些與獨立思考、遠大目標、文化深度背道而馳的事物，加速侵蝕著人類社會。如今，我們並非活在《美麗新世界》之中。至少目前還不是，但現實已經朝著那個方向發展。是時候該吹起反攻的號角了！實踐踏實成功原則不僅是個人行動，更是一種公民行動。

期盼本書能夠提供一個全新的視角，讓你重新思考自己想要活出怎樣的人生，並透過書中的練習來加以實現。願你選擇接納，而非妄想或一廂情願；選擇臨在，而非分心；選擇耐心，而非求快、選擇脆弱，而非武裝；選擇連結，而非孤立；選擇運動，而非坐著不動；選擇踏實感，而非個人英雄主義。

「活出踏實成功的人生」或許一開始只是個人計畫，但踏實感會因為你的分享，在群體中自然擴散與發展。如果本書對你有幫助，請與親朋好友、鄰居和同事分享。當愈來愈多人齊心實踐這個計畫，這個世界將因此而變得更加美好。

致謝

這本書能順利出版，是集眾人之力合作而來的成果。我衷心感謝參與本書出版過程的每一個人。

首先，我要感謝我的每一位企業教練客戶（書中所有姓名均為化名），謝謝你們容許我在這一路上彼此相伴，能與你們合作，是我莫大的榮幸。我從你們身上學習到的和我教給你們的一樣多。

我也要感謝書中的每一位故事主角。謝謝你們願意向我坦誠，展現自己的脆弱，甚至願意公開分享自己的故事。特別感謝書中的史蒂文・海耶斯、莎拉・圖爾、麥克・波斯納、安卓雅・巴柏，願意向我娓娓道來人生中最難受的挫折與經歷。

我要感謝多年來同甘共苦的至親好友。如果沒有你們，我真不知道今天的我會身在何處，又會過著什麼樣的人生。我的合作夥伴史提夫・麥格尼斯（Steve Magness）。我的好友賈斯汀・博斯利（Justin Bosley）。我的兄弟艾瑞克・史托伯格（Eric Stulberg）。還有我的治療師與教練布魯克・凡・奧斯布里（Brooke Van Oosbree）。我愛你們。

我還要感謝在這本書的製作過程中，鼎力相助的幾位同事、良師與益友。謝謝我的精神科醫師盧卡斯・凡・戴克（Lucas Van Dyke）診斷出我的強迫症，幫助我進一步了解這種精神疾病，並治癒我的心靈。謝謝我的冥想老師賈德森・布魯爾（Judson Brewer）教導我如何專注。

謝謝萊恩・霍利得（Ryan Holiday）與卡爾・紐波特（Cal Newport）鼓勵我與Portfolio出版社合作出版本書。謝謝大衛・艾波斯坦（David Epstein），無論我們談到什麼事，總能有所共鳴（他涉獵的領域真的很廣）。感謝里安娜・伊瑪目（Liana Imam）提供意見與審閱書稿，同時不吝分享她深厚的文學素養。感謝亞當・奧特（Adam Alter）不厭其煩聽我闡述這本書的概念，巧妙的暗示我：「我覺得你想說的應該是踏實。」

謝謝我的跑步教練馬里歐・弗萊奧利（Mario Fraioli）一路並肩齊行，陪伴我征服漫長的路途，與我討論「成功」的定義，我們彼此的對話成為這本書的根基。感謝傑出的跑步選手莎倫・佛蘭納根（Shalane Flanagan）允許我分享她的故事，也謝謝她深摯的友誼。謝謝里奇・羅爾（Rich Roll）與艾蜜莉・艾斯法哈尼・史密斯（Emily Esfahani Smith）願意做我的朋友及思考夥伴，與我一同重新思考文化對於成功的定義。還要感謝我的每日電子郵件群組成員：麥克・喬納（Mike Joyner）、克里斯蒂・阿施萬登（Christie Aschwanden）、艾力克斯・哈欽森（Alex Hutchinson）、喬納森・魏（Jonathan Wai）、安比・伯富特（Amby Burfoot），即使隔著螢幕，你們傳授的智慧仍令我如沐春風。

謝謝亞當・格蘭特（Adam Grant）、凱莉・麥高尼格（Kelly McGonigal），以及丹・平克（Dan Pink）始終鼓勵我：「寫下去！」讓我充滿動力，就這麼寫了一本又一本！感謝托比・比拉諾（Toby Bilanow）提供我在《紐約時報》刊載文章的寶貴機會，為本書部分概念奠定基礎。感謝我在《內幕》雜誌多年合作的編輯馬特・斯肯納齊（Matt Skenazy）與魏絲・茱德（Wes Judd），對於我們合作的成果，我深深引以為傲，這麼多年來，我們確實做到了希望改變大眾對於健康、幸福以及成功看法的初衷！感謝凱莉・斯塔雷特（Kelly Starrett）、布雷特・巴塞洛繆（Brett Bartholomew），以及扎克・格林沃爾德（Zach Greenwald）傳授我這麼多運動知識。謝謝我無懈可擊的良師益友鮑勃・科赫（Bob Kocher）。最後還要感謝我的好友傑森・迪茲克（Jason Dizik）與布蘭登・雷納斯（Brandon Rennels）與我密切討論這本書的主題。

接下來要感謝幾位老師與創作者，雖然其中有許多人我未曾謀面，但他們的作品讓我更加了解自己，並在我的心靈深入留下印記，也深深的影響著我的作品。他們是：馬克・艾匹斯坦（Mark Epstein）、一行禪師（Thich Nhat Hanh）、喬治・李歐納（George Leonard）、塔拉・布萊克（Tara Brach）、埃里希・佛洛姆（Erich Fromm）、羅伯・波西格（Robert Pirsig）、理查・羅爾（Richard Rohr）、喬・卡巴金（Jon Kabat-Zinn）、喬瑟夫・戈斯坦（Joseph Goldstein）、傑克・康菲爾德（Jack Kornfield）、萊斯利・賈米森（Leslie Jamison），以及大衛・懷特（David Whyte）。音樂工作者莎拉・芭瑞黎絲（Sara Bareilles）、特雷弗・霍爾（Trevor Hall）、阿凡特兄弟（the Avett Brothers）、麥可莫（Benjamin Haggerty），以及麥克・波斯納（Mike Posner）。

我也要感謝在出版戰壕中與我並肩作戰的幾位重要人士。感謝泰德・溫斯坦（Ted Weinstein）帶領我展開寫作生涯。感謝最好的經紀人、教練，以及多才多藝的謬司夥伴洛麗・阿布克邁爾（Laurie Abkemeier），在她的指導下寫作，就像在傳奇教練菲爾・傑克森（Phil Jackson）手下打籃球。她是最棒的！

感謝Portfolio團隊打從一開始就肯定這本書。感謝出版商Adrian Zackheim撥冗聽我闡述本書的核心概念，他們對我說：「我懂。」同時積極投入本書製作工作。感謝我的編輯妮基・帕帕多普洛斯（Niki Papadopoulos）正向鞭策我，讓這本書大大加分。她看完我的初稿，對我說：「寫得很好，我們還要這樣做，以求精益求精……」我採納她的意見，事實證明她是對的。感謝利亞・特勞博斯特（Leah Trouwborst）帶領本書走完最後一哩路，主導本書的包裝設計，想出我覺得很別出心裁的書名與副標。（這可是了不起的創舉！）感謝凱姆・薩里奇（Kym Surridge）、威爾・杰弗里斯（Will Jeffries）、凱倫・尼寧司（Karen Ninnis），以及凱蒂・修利（Katie Hurley）修潤與校正書稿。感謝金伯利・梅倫（Kimberly Meilun）居間溝通協調。還要感謝塔拉・吉爾伯萊得（Tara Gilbride）以及她帶領的行銷團隊，竭盡全力將本書推向世界各地的讀者。

最後，我要謝謝父母從小灌輸我正確的價值觀，也要感謝岳父母多年的關愛與照應。最重要的是，感謝我最好的朋友、人生的伴侶，同時也是我的頭號編輯凱特琳（Caitlin）。這場人生無限賽局能有妳相伴，是我今生的福氣，我愛妳。也要感謝我的兒子席奧（Theo），一切盡在不言中。

推薦書單

在構思本書的書寫及修潤過程中，我的書桌上方書架上始終擺著下列書籍。我屢次翻閱、參考這些好書，對於我的思考、寫作、自我對話以及生活，都有著深遠的影響。我很感謝這些書籍的出版，相信它們往後會成為陪伴我一生的好朋友。

以下是我誠心推薦的書單，排列方式是按照本書的章節先後順序。雖然這樣的排序可能不盡完美，卻是我能想到最好的選擇。其中，很多書的概念是相輔相成的，就如同本書的核心：踏實成功六大原則。

第一章　在踏實的步伐中突飛猛進

《佛陀之言》（*In the Buddha's Words*），菩提比丘（Bhikkhu Bodhi）著。

《佛陀之心：一行禪師的佛法講堂》（*The Heart of the Buddha's Teaching*），一行禪師（Thich Nhat Hanh）著。

《愛比克泰德演講和選文》（*Discourses and Selected Writings*），愛比克泰德（Epictetus）著。

《沉思錄》（*Meditations*），馬可斯・奧理略（Marcus Aurelius）著。

《幸福生活指南：禁欲之樂的古老藝術》（*A Guide to the Good Life: the Ancient Art of Stoic Joy*），威廉・歐文（William B. Irvine）著。

《道德經》，老子著。

《道德書簡》（*Letters from a Stoic*），塞涅卡（Seneca）著。

《尼各馬科倫理學》（*The Nicomachean Ethics*），亞里斯多德（Aristotle）著。

《樹的祕密生命》（*The Hidden Life of Trees*），彼得・渥雷本（Peter Wohlleben）著。

《狂熱份子：群眾運動聖經》（*The True Believer*），艾瑞克・賀佛爾（Eric Hoffer）著。

《閱讀蒙田，是為了生活》（*How to Live: Or A Life of Montaigne in One Question and Twenty Attempts at an Answer*），莎拉・貝克威爾（Sarah Bakewell）著。

《路徑》（*The Path*），麥可・普鳴（Michael Puett）和克莉絲汀・葛羅斯—駱（Christine Gross-Loh）著。

《健全的社會》（*The Sane Society*），埃里希・佛洛姆（Erich Fromm）著。

第二章　原則1——接納

《全然接受這樣的我：18個放下憂慮的禪修練習》（*Radical Acceptance*），塔拉・布萊克（Tara Brach）著。

《千面英雄》（*The Hero with a Thousand Faces*），喬瑟夫・坎伯（Joseph Campbell）著。

《解放的心靈》（*A Liberated Mind*），史蒂芬・海斯（Steven C. Hayes）著。

《狂喜之後》（*After the Ecstasy, the Laundry*），傑克・康菲爾德（Jack kornfield）著。

《成為一個人》（*On Becoming a Person*），卡爾・羅哲斯（Carl Rogers）著。

《復原中》（*The Recovering*），萊斯利・賈米森（Leslie Jamison）著。

《支離破碎卻不分崩離析的人生》（*Going to Pieces Without Falling Apart*），馬克・艾匹斯坦（Mark Epstein）著。

《幾乎所有事情：關於希望的筆記》（*Almost Everything: Notes on Hope*），安・拉莫特（Anne Lamott）著。

第三章　原則 2——臨在

《充滿災難的人生》（*Full Catastrophe Living*），喬・卡巴金（Jon Kabat-Zinn）著。

《Deep Work 深度工作力》（*Deep Work*）以及《深度數位大掃除》（*Digital Minimalism*），卡爾・紐波特（Cal Newport）著。

《平靜的第一堂課：觀呼吸》（*Mindfulness in Plain English*），德寶法師（Bhante Gunaratana）著。

《正念：覺醒實踐指南》（*Mindfulness*），喬瑟夫・戈斯坦（Joseph Goldstein）著。

《渴求的心靈：從香菸、手機到愛情，如何打破難以自拔的壞習慣？》（*The Craving Mind*），賈德森・布魯爾（Judson Brewer）著。

《欲罷不能：科技如何讓我們上癮？》（*Irresistible*），亞當・奧特（Adam Alter）著。

《比賽，從心開始》（*The Inner Game of Tennis*），提摩西・高威（W. Timothy Gallwey）著。

《生命的展現：人類生存情態的分析》（*To Have or to Be?*），埃里希・佛洛姆（Erich Fromm）著。

《愛的藝術》（*The Art of Loving*），埃里希・佛洛姆（Erich Fromm）著。

《奉獻》（*Devotions*），瑪麗・奧利弗（Mary Oliver）著。

《心流》（*Flow*），米哈里・契克森米哈伊（Mihaly Csikszentmihalyi）著。

《駕馭沉靜》（*Stillness Is the Key*），萊恩・霍利得（Ryan Holiday）著。

《不安的智慧：憂慮年代裡身心解放的祕密》（*The Wisdom of Insecurity*），艾倫・沃茨（Alan Watts）著。

《禪與摩托車維修的藝術》（*Zen and the Art of Motorcycle Maintenance*），羅伯・波西格（Robert Pirsig）著。

《尋找萊拉》（*Lila*），羅伯・波西格（Robert Pirsig）著。

《娛樂至死：追求表象、歡笑和激情的媒體時代》（*Amusing Ourselves to Death*），尼爾・波茲曼（Neil Postman）著

《網路讓我們變笨？數位科技正在改變我們的大腦、思考與閱讀行為》（*The Shallows*），尼可拉斯・卡爾（Nicholas Carr）著

第四章　原則3——耐心

《愛上工作：找尋自尊、獨立、安適、從容》（*Crossing the Unknown Sea*），大衛・懷特（David Whyte）著。

《精進之道》（*Mastery*），喬治・李歐納（George Leonard）著。

《合氣之道》（*The Way of Aikido*），喬治・李歐納（George Leonard）著。

《跨能致勝》（*Range*），大衛・艾波斯坦（David Epstein）著。

第五章　原則4——脆弱

《撫慰人心的52個關鍵詞》（*Consolations*），大衛・懷特（David Whyte）著。

《騷動的心》（*The Heart Aroused*），大衛・懷特（David Whyte）著。

《聽起來像我》（*Sounds Like Me*），莎拉·芭瑞黎絲（Sara Bareilles）著。

《轉化痛苦的藝術》（*No Mud, No Lotus*），一行禪師（Thich Nhat Hanh）著。

《勇氣的力量》（*Rising Strong*），布芮尼·布朗（Brené Brown）著。

《做自己就好》（*Braving the Wilderness*），布芮尼·布朗（Brené Brown）著。

《心理安全感的力量》（*The Fearless Organization*），艾美·艾德蒙森（Amy Edmondson）著。

《團隊的力量》（*Teaming*），艾美·艾德蒙森（Amy Edmondson）著。

《里爾克詩文集》（*Rilke on Love*），萊納·里爾克（Rainer Maria Rilke）著。

第六章　原則5——連結

《部落：關於回家與歸屬感》（*Tribe: On Homecoming and Belonging*），賽巴斯提·鍾格（Sebastian Junger）著。

《友誼：生命基本紐帶的進化、生物學和非凡力量》（*Friendship*），莉迪亞·鄧沃思（Lydia Denworth）著。

《米德鎮的春天》（*Middlemarch*），喬治·艾略特（George Eliot）著。

《逃避自由》（*Escape from Freedom*），埃里希·佛洛姆（Erich Fromm）著。

《自殺論》（*Suicide*），埃米爾·涂爾幹（Émile Durkheim）著。

《執事金剛》（*Deacon King Kong*），詹姆斯·麥克布萊德（James McBride）著。

第七章　原則6——運動

《運動改造大腦》（*Spark*），約翰·瑞提（John Ratey）、艾瑞克·海格曼（Eric Hagerman）著。

《史丹佛大學的情緒修復運動課》（*The Joy of Movement*），凱莉・麥高尼格（Kelly McGonigal）著。
《極限運動員》（*The Ultimate Athlete*），喬治・李歐納（George Leonard）著。

第八章　從原則到實踐

《踏上生命的第二旅程》（*Falling Upward*），理查・羅爾（Richard Rohr）著。
《玻璃珠遊戲》（*The Glass Bead Game*），赫曼・赫塞（Hermann Hesse）著。
《正念生活的藝術》（*The Art of Living*），一行禪師（Thich Nhat Hanh）著。
《當下，繁花盛開》（*Wherever You Go, There You Are*），喬・卡巴金博士（Jon Kabat-Zinn）著。
《開啟智慧》（*Becoming Wise*），克里斯塔・蒂皮特（Krista Tippett）著。

第九章　放下結果，專注過程

《新的心靈共和國》（*A New Republic of the Heart*），泰瑞・派頓（Terry Patten）著。
《我們被賜予的生命》（*The Life We Are Given*），喬治・李歐納（George Leonard）與麥可・墨非（Michael Murphy）著。
《美麗新世界》（*Brave New World*），阿道斯・赫胥黎（Aldous Huxley）著。

注釋

第一章　在踏實的步伐中突飛猛進

1. Brad Stulberg, "When a Stress Expert Battles Mental Illness," *Outside*, March 7, 2018, https://www.outside online.com/2279856/anxiety-cant-be-trained-away.
2. Émile Durkheim, *Suicide: A Study in Sociology*（Snowball Press, 2012; 法文原版於一八九七年出版）, 252–53.
3. National Institute of Mental Health, "Mental Health Information: Statistics," https://www.nimh.nih.gov/health /statistics/index.shtml.
4. National Institute on Alcohol Abuse and Alcoholism, "Alcohol Facts and Statistics," https://www.niaaa.nih.gov /publications/brochures-and-fact-sheets/alcohol-facts-and-statistics; US National Library of Medicine, "Opioid Addiction," MedlinePlus, https://ghr .nlm.nih.gov/condition/opioid-addiction#statistics.
5. "Pain in the Nation: The Drug, Alcohol and Suicide Crises and Need for a National Resilience Strategy," Trust for America's Health, https://www.tfah.org/report-details/pain-in-the-nation/.
6. Mary Caffrey, "Gallup Index Shows US Well-being Takes Another Dip," *AJMC*, February 27, 2019, https://www.ajmc.com /newsroom/gallup-index-shows-us-wellbeing-takes-another-dip-.
7. Jeffrey M. Jones, "U.S. Church Membership Down Sharply in Past Two Decades," Gallup, April 18, 2019, https://news.

gallup.com/poll/248837/church-membership-down-sharply-past -two-decades.aspx.

8. Julianne Holt-Lunstad, "The Potential Public Health Relevance of Social Isolation and Loneliness: Prevalence, Epidemiology, and Risk Factors," *Public Policy & Aging Report* 27, no. 4 (2017): 127–30, https://academic.oup.com/ppar/article/27/4/127/4782506.

9. Ben Wigert and Sangeeta Agrawal, "Employee Burnout, Part 1: The 5 Main Causes," Gallup, July 12, 2018, https://www.gallup.com/workplace/237059/employee-burnout -part-main-causes.aspx; "Burn-out an 'Occupational Phenomenon': International Classification of Diseases," World Health Organization, May 28, 2019, https://www.who.int/mental_health/evidence/burn-out/en/.

10. Pradeep C. Bollu and Harleen Kaur, "Sleep Medicine: Insomnia and Sleep," *Missouri Medicine* 116, no. 1 (2019): 68–75, https://www.ncbi.nlm.nih.gov/pmc/articles/PMC6390785/; James Dahlhamer et al., "Prevalence of Chronic Pain and High-Impact Chronic Pain Among Adults—United States, 2016," *Morbidity and Mortality Weekly Report* 67, no. 36 (2018): 1001–6, https://www.cdc.gov/mmwr/volumes/67/wr /mm6736a2.htm.

11. Robb B. Rutledge et al., "A Computational and Neural Model of Momentary Subjective Well-being," *PNAS* 111, no. 33 (2014): 12252–57, http://www.pnas.org/content/111/33 /12252.full.

12. Daniel Kahneman and Angus Deaton, "High Income Improves Evaluation of Life but Not Emotional Well-being," *PNAS* 107, no. 38 (2010): 16489–93, https://www.pnas.org/content/107/38/16489.

13. A. C. Shilton, "You Accomplished Something Great. So Now What?" *New York Times*, May 28, 2019, https://www.nytimes.com/2019/05/28/smarter-living/you-accomplished -something-great-so-now-what.html.

14. Bhikkhu Bodhi, ed., *In the Buddha's Words: An Anthology of Discourses from the Pali Canon* (Somerville, MA: Wisdom Publications, 2005), 239.

15. Meister Eckhart, *Selected Writings*, trans. Oliver Davies (London, UK: Penguin Books, 1994), 45.
16. Seth Simons, "The New Formula for Personal Fulfillment," *Fatherly*, October 12, 2018, https://www.fatherly.com / love-money/the-new-formula-for-personal-fulfillment/.
17. Thich Nhat Hanh, *The Heart of the Buddha's Teaching: Transforming Suffering into Peace, Joy, and Liberation* (New York: Harmony Books, 1999), 42.

第二章　原則1——接納

1. Karen Rosen, "After Rio Heartbreak, Triathlete Sarah True 'Ready to Rumble' into New Season," Team USA, March 2, 2017, https:// www.teamusa.org/News/2017/March/02/After-Rio-Heartbreak-Triathlete -Sarah-True-Ready-To-Rumble-Into-New-Season.
2. Carl R. Rogers, *On Becoming a Person: A Therapist's View of Psychotherapy* (New York: Mariner Books, 1995).
3. Kaare Christensen, Anne Maria Herskind, and James W. Vaupel, "Why Danes Are Smug: Comparative Study of Life Satisfaction in the European Union," *BMJ* 333 (2006): 1289, http:// www.bmj.com/content/333/7582/1289.
4. Rutledge et al., "A Computational and Neural Model of Momentary Subjective Well-being."
5. Jason Fried, "Living Without Expectations," *Signal v Noise* (blog), March 8, 2017, https://m.signalvnoise.com/living -without-expectations-1d66adb10710.
6. Joseph Campbell, *The Hero with a Thousand Faces*, 3rd ed. (Novato, CA: New World Library, 2008), 101.
7. "Highly Cited Researchers (h>100) According to Their Google Scholar Citations Public Profiles," Ranking Web of Universities, accessed July 2020, http://www.webometrics.info/en/node/58.
8. Steven C. Hayes, *A Liberated Mind: How to Pivot Toward What Matters* (New York: Avery, 2020).

9. "316: Steven C. Hayes on Developing Psychological Flexibility," in *The One You Feed*, hosted by Eric Zimmer, podcast, January 21, 2020, https://www.oneyoufeed.net/psychological-flexibility/.
10. Marcus Aurelius, *Meditations* (London, UK: Penguin Books, 2005), 76.
11. Epictetus, *Discourses and Selected Writings* (London, UK: Penguin Books, 2008), 180–81.
12. Tara Brach, *Radical Acceptance: Embracing Your Life with the Heart of a Buddha* (New York: Bantam Books, 2004), 61.
13. Joachim Stoeber, Mark A. Uphill, and Sarah Hotham, "Predicting Race Performance in Triathlon: The Role of Perfectionism, Achievement Goals, and Personal Goal Setting," *Journal of Sport and Exercise Psychology* 31, no. 2 (2009): 211–45, https://repository .canterbury.ac.uk/download/c447b55ea3ec0148c05f2c0754c0527ef311a1f30d7 ce8c-8ca7cda6f70348f10/277408/Uphill_2009_% 5B1% 5D.pdf.
14. Andrew J. Elliot et al., "Achievement Goals, Self-Handicapping, and Performance Attainment: A Mediational Analysis," *Journal of Sport and Exercise Psychology* 28, no. 3 (2006): 344–61, https://journals.humankinetics.com/doi/abs/10.1123 / jsep.28.3.344.
15. David E. Conroy, Jason P. Willow, and Jonathan N. Metzler, "Multidimensional Fear of Failure Measurement: The Performance Failure Appraisal Inventory," *Journal of Applied Sport Psychology* 14, no. 2 (2002): 76–90, https://psycnet.apa.org/record/2002-13632-002.
16. Audre Lorde, *Sister Outsider: Essays and Speeches* (New York: Crossing Press, 1984).
17. Craig Smith, "COVID-19 Update from Dr. Smith: 3/29/20," Columbia Surgery, https://columbiasurgery.org /news/covid-19-update-dr-smith-32920.
18. Tara Brach, "Feeling Overwhelmed? Remember RAIN," *Mindful*, February 7, 2019, https://www .mindful.org/tara-brach-rain-mindfulness-practice/.

19. David M. Perlman et al., "Differential Effects on Pain Intensity and Unpleasantness of Two Meditation Practices," *Emotion* 10, no. 1 (2010): 65–71, https://www.ncbi.nlm.nih.gov/pmc/articles/PMC2859822/.
20. UMass Memorial Health Care Center for Mindfulness, https://www.umassmed.edu/cfm/research/publications/.
21. Philippe R. Goldin and James J. Gross, "Effects of Mindfulness-Based Stress Reduction (MBSR) on Emotion Regulation in Social Anxiety Disorder," *Emotion* 10, no. 1 (2010): 83–91, https://www.ncbi .nlm.nih.gov/pmc/articles/PMC4203918/.
22. Igor Grossman and Ethan Kross, "Exploring Solomon's Paradox: Self-Distancing Eliminates the Self-Other Asymmetry in Wise Reasoning About Close Relationships in Younger and Older Adults," *Psychological Science* 25, no. 8 (2014): 1571–80, https://pdfs.semanticscholar .org/799a/d44cb6d51bbf6c14ef8e83d6dc74d083f2af.pdf.
23. Özlem Ayduk and Ethan Kross, "From a Distance: Implications of Spontaneous Self-Distancing for Adaptive Self-Reflection," *Journal of Personality and Social Psychology* 98, no. 5 (2010): 809–29, https://www.ncbi.nlm.nih.gov/pmc /articles/PMC2881638/.
24. Juliana G. Breines and Serena Chen, "Self-Compassion Increases Self-Improvement Motivation," *Personality and Social Psychology Bulletin* 38, no. 9 (2012): 1133–43, http://cite seerx.ist.psu.edu/viewdoc/download?-doi=10.1.1.362.5856&rep=rep1&type=pdf.
25. Seneca, *Letters from a Stoic* (London, UK: Penguin Books, 1969), 14.
26. Ephrat Livni, "To Get Better at Life, Try This Modern Mantra," *Quartz*, May 8, 2019, https://t.co/biGWjp3tBs.
27. 有關思想：Daniel M. Wegner et al., "Paradoxical Effects of Thought Suppression," *Journal of Personality and Social Psychology* 53, no. 1 (1987): 5–13, http://psycnet.apa.org/record/1987 -33493-001; 有關感覺：Jutta Joormann and Ian H. Gotlib, "Emotion Regulation in Depression: Relation to Cognitive Inhibition," *Cognition and Emotion* 24, no. 2 (2010):

281–98, https://www.ncbi.nlm.nih.gov/pmc/articles /PMC2839199/.

28. Judson Brewer, *The Craving Mind: From Cigarettes to Smartphones to Love—Why We Get Hooked and How We Can Break Bad Habits* (New Haven, CT: Yale University Press, 2017), 111.

29. Bud Winter and Jimson Lee, *Relax and Win: Championship Performance in Whatever You Do* (2012).

第三章　原則2——臨在

1. Seneca, *On the Shortness of Life*, trans. C. D. N. Costa (New York: Penguin Books, 2005), 96.

2. "Multitasking: Switching Costs," American Psychological Association, March 20, 2006, https://www.apa.org /research/action/multitask.aspx.

3. Jim Sollisch, "Multitasking Makes Us a Little Dumber," *Chicago Tribune*, August 10, 2010, https://www .chicagotribune.com/opinion/ct-xpm-2010-08-10-ct-oped-0811-multitask -20100810-story.html.

4. Steve Bradt, "Wandering Mind Not a Happy Mind," *Harvard Gazette*, November 11, 2010, https://news .harvard.edu/gazette/story/2010/11/wandering-mind-not-a-happy-mind/.

5. *Communications Market Report*, Ofcom, August 2, 2018, https://www.ofcom.org.uk/__data /assets/pdf_file/0022/117256/CMR-2018-narrative-report.pdf.

6. "Americans Don't Want to Unplug from Phones While on Vacation, Despite Latest Digital Detox Trend," press release, Asurion, May 17, 2018, https://www.asurion.com/about/press -releases/americans-dont-want-to-unplug-from-phones-while-on-vacation -despite-latest-digital-detox-trend/.

7. Adam Alter, "What Is Behavioral Addiction and Where Did It Come From?" in *Irresistible: The Rise of Addictive Technology and the Business of Keeping Us Hooked* (New York: Penguin Press, 2017).

8. Susana Martinez-Conde and Stephen L. Macknik, "How the Color Red Influences Our Behavior," *Scientific American*, November 1, 2014, https://www.scientificamerican.com /article/how-the-color-red-influences-our-behavior/.
9. Jim Davies, *Riveted: The Science of Why Jokes Make Us Laugh, Movies Make Us Cry, and Religion Makes Us Feel One with the Universe* (New York: Palgrave Macmillan, 2014), 91, 175.
10. Alan Watts, *The Wisdom of Insecurity: A Message for an Age of Anxiety* (New York: Vintage Books, 2011), 21.
11. Thich Nhat Hanh, *The Art of Living* (New York: HarperOne, 2017), 147.
12. Bill Thornton et al., "The Mere Presence of a Cell Phone May Be Distracting: Implications for Attention and Task Performance," *Social Psychology* 45, no. 6 (2014): 479–88, https://metacog2014-15.weebly.com/uploads/3/9/2/9/39293965/ thornton _faires_robbins_y_rollins_in_press_presence_cell_phone_distracting.pdf.
13. Seneca, *Shortness of Life*, 1–4.
14. Mihaly Czikszentmihalyi, *Flow: The Psychology of Optimal Experience* (New York: Harper Perennial, 2008).
15. Seneca, *Letters From a Stoic*, 26.
16. Bradt, "Wandering Mind Not a Happy Mind."
17. Matthew A. Killingsworth and Daniel T. Gilbert, "A Wandering Mind Is an Unhappy Mind," *Science* 330, no. 6006 (2010): 932, http://www.danielgilbert.com/KILLINGSWORTH% 20&% 20GILBERT % 20(2010).pdf.
18. Scott Stossel, "What Makes Us Happy, Revisited," *Atlantic*, May 2013, https://www.theatlantic.com/magazine /archive/2013/05/thanks-mom/309287/.
19. George Leonard, *Mastery: The Keys to Success and Long-Term Fulfillment* (New York: Plume, 1992), 40.
20. Billboard, "Mike Posner, 'Cooler Than Me,' " Chart History, https://www.billboard.com/music/Mike-Posner/chart -history/HBU/song/644778.

21. 引文出自波斯納《繼續前進》（*Keep Going*）專輯〈回家〉（Come Home）一曲歌詞。
22. Mike Posner, "Naughty Boy, Mike Posner—Live Before I Die," November 14, 2019, music video, 4:02, https://youtu.be / uXeZNXdu-gs.
23. Mike Posner (@MikePosner), Twitter status, May 29, 2019, https://twitter.com/MikePosner/status/1133743829322948608?s=20.
24. Erich Fromm, *The Art of Loving* (New York: HarperPerennial, 2006), 101.
25. Ayelet Fishbach, Ronald S. Friedman, and Arie W. Kruglanski, "Leading Us Not unto Temptation: Momentary Allurements Elicit Overriding Goal Activation," *Journal of Personality and Social Psychology* 84, no. 2 (2003): 296–309.
26. Jon Kabat-Zinn, *Full Catastrophe Living: Using the Wisdom of Your Body and Mind to Face Stress, Pain, and Illness*, rev. ed. (New York: Bantam Books, 2013), 443.
27. Bhante Gunaratana, *Mindfulness in Plain English* (Somerville, MA: Wisdom Publications, 2011), 119.
28. "How the Internet May Be Changing the Brain," *Neuroscience News*, June 5, 2019, https://t.co/rUgy7hPkJg.
29. Wumen Huikai, quotes, Great Thoughts Treasury, http://www.greatthoughtstreasury.com/author/author-209.
30. Annie Dillard, quotes, Goodreads, https://www .goodreads.com/quotes/530337-how-we-spend-our-days-is-of-course-how-we.

第四章　原則3——耐心

1. "Akamai Reveals 2 Seconds as the New Threshold of Acceptability for Ecommerce Web Page Response Times," Akamai, September 14, 2009, https://www.akamai.com/us/en/about/news /press/2009-press/akamai-reveals-2-seconds-as-the-new-threshold-of -acceptability-for-ecommerce-web-page-response-times.jsp.

2. Steve Lohr, "For Impatient Web Users, an Eye Blink Is Just Too Long to Wait," *New York Times*, February 29, 2012, http://www.nytimes.com/2012/03/01/technology/impatient-web-users-flee-slow -loading-sites.html.
3. Teddy Wayne, "The End of Reflection," *New York Times*, June 11, 2016, http://www.nytimes.com/2016/06/12/fashion/internet -technology-phones-introspection.html?_r=0.
4. Janna Anderson and Lee Rainie, "Millennials Will Benefit and Suffer Due to Their Hyperconnected Lives," Pew Research Center, February 29, 2012, https://www.pewresearch.org/internet/2012/02/29 /millennials-will-benefit-and-suffer-due-to-their-hyperconnected-lives/.
5. Aaron E. Carroll, "What We Know (and Don't Know) About How to Lose Weight," *New York Times*, March 26, 2018, https://www.nytimes.com/2018/03/26/upshot /what-we-know-and-dont-know-about-how-to-lose-weight.html.
6. *Britannica*, s.v. "Charles Darwin," https:// www.britannica.com/biography/Charles-Darwin/The-Beagle-voyage.
7. "Charles Darwin," NNDB.com, https://www.nndb.com /people/569/000024497/.
8. Martin J. MacInnis and Martin J. Gibala, "Physiological Adaptations to Interval Training and the Role of Exercise Intensity," *Journal of Physiology* 595, no. 9 (2017): 2915–30, https://www.ncbi.nlm.nih.gov/pmc /articles/PMC5407969/.
9. Lu Liu et al., "Hot Streaks in Artistic, Cultural, and Scientific Careers," *Nature* 559 (2018): 396–99, https://www.nature.com/articles/s41586-018-0315-8.
10. Jessica Hallman, "Hot Streak: Finding Patterns in Creative Career Breakthroughs," *Penn State News*, September 6, 2018, https://news.psu.edu/story/535062/2018/09/06 /research/hot-streak-finding-patterns-creative-career-breakthroughs.
11. Jeff Stein, "Ta-Nehisi Coates's Advice to Young Journalists: Get Off Twitter," *Vox*, December 21, 2016, https://www.vox.com/policy-and-politics/2016/12/21/13967504/twitter-young-journalists-coates.
12. Concepción de León, "Ta-Nehisi Coates and the Making of a Public Intellectual," *New York Times*, September 29, 2017,

https:// www.nytimes.com/2017/09/29/books/ta-nehisi-coates-we-were-eight-years-in -power.html.

13. Stein, "Ta-Nehisi Coates's Advice to Young Journalists."

14. *The Atlantic*, "Creative Breakthroughs: Ta-Nehisi Coates," interview, September 27, 2013, video, 1:15, https://www.you-tube.com /watch?v=6voLZDYgPzY&feature=emb_title.

15. Steven Kotler, "Is Silicon Valley Ageist or Just Smart?" *Forbes*, February 14, 2015, https://www.forbes .com/sites/steven-kotler/2015/02/14/is-silicon-valley-ageist-or-just-smart /#1e987d17ed65.

16. Jake J. Smith, "How Old Are Successful Tech Entrepreneurs?" KelloggInsight, May 15, 2018, https://insight .kellogg.northwestern.edu/article/younger-older-tech-entrepreneurs.

17. Scott Cacciola, "Eliud Kipchoge Is the Greatest Marathoner, Ever," *New York Times*, September 14, 2018, https://www.nytimes.com/2018/09/14/sports/eliud-kipchoge-marathon .html.

18. Ed Caesar, "The Secret to Running a Faster Marathon? Slow Down," *Wired*, February 8, 2017, https://www.wired .com/2017/02/nike-two-hour-marathon-2/.

19. Cacciola, "Eliud Kipchoge Is the Greatest Marathoner, Ever."

20. Thich Nhat Hanh, *The Art of Power* (New York: HarperOne, 2007), 81.

21. "The Collected Works of D. W. Winnicott," Oxford Clinical Psychology, https://www.oxfordclinicalpsych.com/page/599.

22. Stephen Mitchell, *Tao Te Ching: A New English Version* (New York: Harper Perennial, 2006), foreword, i.

23. Mitchell, *Tao Te Ching*, 63.

24. Lisa D. Ordóñez et al., "Goals Gone Wild: The Systematic Side Effects of Over-Prescribing Goal Setting" (working paper, Harvard Business School, 2009), http://www.hbs.edu/faculty /Publication% 20Files/09-083.pdf.

25. Tim J. Gabbett, "The Training–Injury Prevention Paradox: Should Athletes Be Training Smarter *and* Hard-

er?" *British Journal of Sports Medicine* 50, no. 5 (2016): 273–80, http://bjsm.bmj.com/content/early /2016/01/12/bjsports-2015-095788.

26. 這個故事的翻譯版本請見Thich Nhat Hanh's *The Art of Living*, 84.

第五章　原則4——脆弱

1. Brené Brown, *Braving the Wilderness: The Quest for True Belonging and the Courage to Stand Alone* (New York: Random House, 2019), 146.
2. David Whyte, *Consolations: The Solace, Nourishment and Underlying Meaning of Everyday Words* (Langley, WA: Many Rivers Press, 2015), Audible audio ed., 4 hours, 2 minutes.
3. Rainer Maria Rilke, *Rilke's Book of Hours: Love Poems to God*, trans. Anita Barrows and Joanna Macy (New York: Riverhead Books, 2005).
4. Ronald C. Kessler et al., "The Epidemiology of Panic Attacks, Panic Disorder, and Agoraphobia in the National Comorbidity Survey Replication," *Archives of General Psychiatry* 63, no. 4 (2006): 415–24, https://www.ncbi.nlm.nih.gov /pubmed/16585471.
5. "Any Anxiety Disorder," National Institute of Mental Health, https://www.nimh.nih.gov/health/statistics /prevalence/any-anxiety-disorder-among-adults.shtml.
6. Kevin Love, "Everyone Is Going Through Something," *Players' Tribune*, March 6, 2018, https://www.theplayerstribune.com/en-us/articles/kevin-love-everyone-is-going-through-something.
7. DeMar DeRozan (@DeMar_DeRozan), Twitter post, February 17, 2018, https://twitter.com/DeMar_DeRozan /status/964818383303688197?s=20.

8. Doug Smith, "Raptors' DeRozan Hopes Honest Talk on Depression Helps Others," *The Star* (Toronto), February 26, 2018, https://www.thestar.com/sports/raptors/2018/02/25/raptors-derozan-hopes-honest -talk-on-depression-helps-others.html.
9. Campbell, *The Hero with a Thousand Faces*, 66–68.
10. Sara Bareilles, "Sara Bareilles Shows Her Vulnerabilities on New Album, 'Amidst the Chaos,' " interview by Robin Young, *Here & Now*, WBUR, radio broadcast, April 4, 2019, https://www .wbur.org/hereandnow/2019/04/04/sara-bareilles-amidst-the-chaos.
11. Sara Bareilles, *Sounds Like Me: My Life (So Far) in Song* (New York: Simon & Schuster, 2015), 40.
12. Mark R. Leary et al., "Cognitive and Interpersonal Features of Intellectual Humility," *Personality and Social Psychology Bulletin* 43, no. 6 (2017): 793–813, https://journals.sagepub.com/doi/abs/10 .1177/0146167217697695.
13. Bareilles, *Sounds Like Me*, 39.
14. Nick P. Winder and Isabelle C. Winder, "Complexity, Compassion and Self-Organisation: Human Evolution and the Vulnerable Ape Hypothesis," *Internet Archaeology* 40 (2015), https:// www.researchgate.net/publication/277940624_Complexity_Compassion_and _Self-Organisation_Human_Evolution_and_the_Vulnerable_Ape_Hypothesis.
15. "Baby's First 24 Hours," Pregnancy, Birth and Baby, https://www.pregnancybirthbaby.org.au/babys-first-24-hours.
16. Mitchell, *Tao Te Ching*.
17. Amy C. Edmondson, *The Fearless Organization: Creating Psychological Safety in the Workplace for Learning, Innovation, and Growth* (Hoboken, NJ: John Wiley & Sons, 2019).
18. Amy Edmondson (@AmyCEdmondson), Twitter post, February 7, 2020, https://twitter.com/AmyCEdmondson/status /1225830003453124608?s=20.

19. Todd B. Kashdan, "Psychological Flexibility as a Fundamental Aspect of Health," *Clinical Psychology Review* 30, no. 7 (2010): 865–78, https://www.ncbi.nlm.nih.gov/pmc/articles/PMC2998793/.
20. Smith, "Raptors' DeRozan Hopes Honest Talk on Depression Helps Others."

第六章　原則5——連結

1. Elizabeth Bernstein, "When Being Alone Turns into Loneliness, There Are Ways to Fight Back," *Wall Street Journal*, November 4, 2013, http://www.wsj.com/articles/SB10001424052702303936904 579177700699367092.
2. Knowledge Networks and Insight Policy Research, *Loneliness Among Older Adults: A National Survey of Adults 45+* (Washington, DC: AARP, 2010), https://assets.aarp.org/rgcenter/general /loneliness_2010.pdf.
3. "New Cigna Study Reveals Loneliness at Epidemic Levels in America," Cigna, May 1, 2018, https://www.cigna.com/newsroom /news-releases/2018/new-cigna-study-reveals-loneliness-at-epidemic-levels-in -america.
4. F. M. Alpass and S. Neville, "Loneliness, Health and Depression in Older Males," *Aging & Mental Health* 7, no. 3 (2003): 212–16, https://www.tandfonline.com/doi/abs/10.1080/1360786031000101193.
5. Julianne Holt-Lunstad, Timothy B. Smith, and J. Bradley Layton, "Social Relationships and Mortality Risk: A Meta-analytic Review," *PLOS Medicine* 7, no. 7 (2010).
6. London Real, "Esther Perel on Society & Marriage," interview with Brian Rose, July 14, 2015, video, 5:08, https://www.youtube.com/watch?v=X9HiXw8Pmbo.
7. Sebastian Junger, *Tribe: On Homecoming and Belonging* (New York: Twelve, 2016), introduction, 17.
8. Edward L. Deci and Richard M. Ryan, "Self-Determination Theory," in P. A. M. Van Lange, A. W. Kruglanski, and E. T. Higgins, eds., *Handbook of Theories of Social Psychology* (London, UK: Sage Publications, 2012), 416–36, https://psycnet.apa.

org/record/2011-21800-020.

9. Jonathan Haidt, *The Righteous Mind: Why Good People Are Divided by Politics and Religion* (New York: Vintage, 2013), 102.

10. Joan B. Silk, Susan C. Alberts, and Jeanne Altmann, "Social Bonds of Female Baboons Enhance Infant Survival," *Science* 302, no. 5648 (2003): 1231–34, https://www .ncbi.nlm.nih.gov/pubmed/14615543.

11. Joan B. Silk et al., "Strong and Consistent Social Bonds Enhance the Longevity of Female Baboons," *Current Biology* 20, no. 15 (2010): 1359–61, https://www.ncbi.nlm.nih.gov/pubmed/20598541; Elizabeth A. Archie et al., "Social Affiliation Matters: Both Same-Sex and Opposite-Sex Relationships Predict Survival in Wild Female Baboons," *Proceedings of the Royal Society B: Biological Sciences* 281, no. 1793 (2014), https:// www.ncbi.nlm.nih.gov/pubmed/25209936.

12. Erich Fromm, *Escape from Freedom* (New York: Farrar and Rinehart, 1941), 16–17.

13. John T. Cacioppo and William Patrick, *Loneliness: Human Nature and the Need for Social Connection* (New York: W. W. Norton, 2008).

14. John T. Cacioppo et al., "Loneliness Within a Nomological Net: An Evolutionary Perspective," *Journal of Research in Personality* 40 (2006): 1054–85, https://static1.squarespace.com /static/539a276fe4b0dbaee772658b/t/53b0e963e4b0d-621f6aaa261/1404103 011411/8_10.1016_CacioppoHawkleyBurleson.pdf.

15. Stephanie Cacioppo et al., "Loneliness and Implicit Attention to Social Threat: A High-Performance Electrical Neuroimaging Study," *Cognitive Neuroscience* 7, no. 1–4 (2016): 138–59, https://www.tandfonline.com/doi/abs/10.1080/17588928.2015.1070136.

16. Saint Augustine, *Confessions*, trans. R. S. Pine-Coffin (London, UK: Penguin, 1961), Book 8.

17. Saint Augustine, *Confessions*, 101.

18. Saint Augustine, *Works of Saint Augustine*, trans. Edmund Hill, OP, John E. Rotelle (New York: New City Press, 1991), Ser-

mon 299.

19. Bodhi, *In the Buddha's Words.*

20. Jacqueline Olds and Richard S. Schwartz, *The Lonely American: Drifting Apart in the Twenty-first Century* (Boston: Beacon Press, 2009).

21. David Whyte, *Crossing the Unknown Sea: Work as a Pilgrimage of Identity* (New York: Riverhead, 2001).

22. Durkheim, *Suicide*, 209.

23. Andrew Perrin and Monica Anderson, "Share of U.S. Adults Using Social Media, Including Facebook, Is Mostly Unchanged Since 2018," Pew Research Center, April 10, 2019, https:// www.pewresearch.org/fact-tank/2019/04/10/share-of-u-s-adults-using-social -media-including-facebook-is-mostly-unchanged-since-2018/.

24. Lydia Denworth, *Friendship: The Evolution, Biology, and Extraordinary Power of Life's Fundamental Bond* (New York: W. W. Norton, 2020), 166.

25. J. T. Hancock et al., "Social Media Use and Psychological Well-being: A Meta-analysis," 69th Annual International Communication Association Conference, Washington, DC, 2019.

26. Lydia Denworth, "Worry over Social Media Use and Well-being May Be Misplaced," *Psychology Today*, May 30, 2019, https://www.psychologytoday.com/us/blog/brain-waves/201905 /worry-over-social-media-use-and-well-being-may-be-misplaced.

27. Amy Orben and Andrew K. Przybylski, "The Association Between Adolescent Well-being and Digital Technology Use," *Nature Human Behaviour* 3 (2019): 173–82, https:// www.nature.com/articles/s41562-018-0506-1?mod=article_inline.

28. Robbie Gonzalez, "Screens Might Be as Bad for Mental Health as . . . Potatoes," *Wired*, January 14, 2019, https://www.wired.com/story/screens-might-be-as-bad-for -mental-health-as-potatoes/.

29. Brian A. Primack et al., "Social Media Use and Perceived Social Isolation Among Young Adults in the U.S.," *American Journal of Preventive Medicine* 53, no. 1 (2017): 1–8, https:// www.ncbi.nlm.nih.gov/pubmed/28279545.

30. Pavel Goldstein, Irit Weissman-Fogel, and Simone G. Shamay-Tsoory, "The Role of Touch in Regulating Inter-partner Physiological Coupling During Empathy for Pain," *Scientific Reports* 7 (2017): 3252, https://www.nature.com/articles/s41598-017 -03627-7.

31. Olga Khazan, "How Loneliness Begets Loneliness," *Atlantic*, April 6, 2017, https://www.theatlantic .com/health/archive/2017/04/how-loneliness-begets-loneliness/521841/.

32. Sarah Myruski et al., "Digital Disruption? Maternal Mobile Device Use Is Related to Infant Social-Emotional Functioning," *Developmental Science* 21, no. 4 (2018): e12610, https://dennis -tiwary.com/wp-content/uploads/2017/10/Myruski_et_al-2017 -Developmental_Science_Still-Face.pdf.

33. Olga Khazan, "How to Break the Dangerous Cycle of Loneliness," CityLab, April 6, 2017, https://www .bloomberg.com/news/articles/2017-04-06/john-cacioppo-explains-the -psychology-of-loneliness.

34. Erich Fromm, *The Sane Society* (New York: Henry Holt and Company, 1955).

35. Jean Decety and William Ickes, eds., *The Social Neuroscience of Empathy* (Cambridge, MA: MIT Press, 2009), https:// psycnet.apa.org/record/2009-02253-000.

36. Kim Armstrong, " 'I Feel Your Pain': The Neuroscience of Empathy," Association for Psychological Science, December 29, 2017, https://www.psychologicalscience.org/observer/i-feel-your -pain-the-neuroscience-of-empathy.

37. James H. Fowler and Nicholas A. Christakis, "Dynamic Spread of Happiness in a Large Social Network: Longitudinal Analysis over 20 Years in the Framingham Heart Study," *BMJ* 337 (2008): a2338, https://www.bmj.com/content/337/bmj.a2338.

38. Jeffrey T. Hancock et al., "I'm Sad You're Sad: Emotional Contagion in CMC" (Proceedings of the 2008 ACM Conference on Computer Supported Cooperative Work, San Diego, November 8–12, 2008), http://collablab.northwestern.edu/CollabolabDistro /nucmc/p295-hancock.pdf.
39. Adam D. I. Kramer, Jamie E. Guillory, and Jeffrey T. Hancock, "Experimental Evidence of Massive-Scale Emotional Contagion Through Social Networks," *PNAS* 111, no. 24 (2014): 8788–90, https://www.pnas.org/content/111/24/8788.
40. Ron Friedman et al., "Motivational Synchronicity: Priming Motivational Orientations with Observations of Others' Behaviors," *Motivation and Emotion* 34, no. 1 (2010): 34–38, https://www.researchgate.net/publication/225164928_Motivational _synchronicity_Priming_motivational_orientations_with_observations_of _others% 27_behaviors.
41. "Sitting Near a High-Performer Can Make You Better at Your Job," Kellogg Insight, May 8, 2017, https:// insight.kellogg.northwestern.edu/article/sitting-near-a-high-performer-can -make-you-better-at-your-job.
42. Lindsay Crouse, "How the 'Shalane Flanagan Effect' Works," *New York Times*, November 11, 2017, https://www.nytimes .com/2017/11/11/opinion/sunday/shalane-flanagan-marathon-running .html#:~:text=.
43. Khazan, "How to Break the Dangerous Cycle of Loneliness."
44. Brad Stulberg and Steve Magness, *Peak Performance: Elevate Your Game, Avoid Burnout, and Thrive with the New Science of Success* (New York: Rodale, 2017), 157–90.
45. Shelley E. Taylor, *The Tending Instinct: Women, Men, and the Biology of Our Relationships* (New York: Times Books, 2002), 153–65.
46. Jerf W. K. Yeung, Zhuoni Zhang, and Tae Yeun Kim, "Volunteering and Health Benefits in General Adults: Cumulative Effects and Forms," *BMC Public Health* 18 (2018): 8, https://www .ncbi.nlm.nih.gov/pmc/articles/PMC5504679/.
47. Randee B. Bloom, "Role Identity and Demographic Characteristics as Predictors of Professional Nurse Volunteerism"

(PhD diss., Capella University, 2012), https://pqdtopen.proquest .com/doc/962412634.html?FMT=ABS.

48. "Create the Good," AARP, https://createthegood.aarp.org/.
49. "Religious Landscape Study," Pew Research Center, https://www.pewforum.org/religious-landscape-study /generational-cohort/.
50. Shanshan Li et al., "Association of Religious Service Attendance with Mortality Among Women," *JAMA Internal Medicine* 176, no. 6 (2016): 777–85, https://jamanetwork.com /journals/jamainternalmedicine/fullarticle/2521827.
51. Marino A. Bruce et al., "Church Attendance, Allostatic Load and Mortality in Middle Aged Adults," *PLOS One* 12, no. 5 (2017): e0177618, https://journals.plos.org/plosone/article?id=10.1371 /journal.pone.0177618.
52. Peter Sterling, *What Is Health? Allostasis and the Evolution of Human Design* (Cambridge, MA: MIT Press, 2020), 102.
53. Kathlene Tracy and Samantha P. Wallace, "Benefits of Peer Support Groups in the Treatment of Addiction," *Substance Abuse and Rehabilitation* 7 (2016): 143–54, https://www.ncbi.nlm.nih.gov/pmc /articles/PMC5047716/.
54. Aristotle, *The Nicomachean Ethics*, Oxford World Classic's Version (Oxford University Press, 2009).
55. Epictetus, *Discourses and Selected Writings* (New York: Penguin Classics, 2008).
56. Ed Catmull with Amy Wallace, *Creativity, Inc.: Overcoming the Unseen Forces That Stand in the Way of True Inspiration* (New York: Random House, 2014), 86–106.
57. Hanh, *The Heart of the Buddha's Teaching*, 124–27.
58. Thich Nhat Hanh, "What Is Sangha?" *Lion's Roar*, July 7, 2017, https://www.lionsroar.com/the-practice-of-sangha/.

第七章　原則6——運動

1. Felipe Barreto Schuch and Brendon Stubbs, "The Role of Exercise in Preventing and Treating Depression," *Current Sports*

Medicine Reports 18, no. 8 (2019): 299–304, http://journals.lww .com/acsm-csmr/Fulltext/2019/08000/The_Role_of_Exercise_in_Preventing _and_Treating.6.aspx#O3-6.

2. Brett R. Gordon et al., "The Effects of Resistance Exercise Training on Anxiety: A Meta-analysis and Meta-regression Analysis of Randomized Controlled Trials," *Sports Medicine* 47, no. 12 (2017): 2521–32, https://www.ncbi.nlm.nih.gov/pubmed/28819746.
3. Felipe B. Schuch et al., "Exercise as a Treatment for Depression: A Meta-analysis Adjusting for Publication Bias," *Journal of Psychiatric Research* 77 (2016): 42–51, https://www.ashlandmhrb.org /upload/exercise_as_a_treatment_for_depression_-a_meta-analysis _adjusting_for_publication_bias.pdf.
4. Gordon et al., "Effects of Resistance Exercise Training on Anxiety."
5. David Cunning, ed., *The Cambridge Companion to Descartes' Meditations* (Cambridge, UK: Cambridge University Press, 2014), 279.
6. Y. Netz et al., "The Effect of a Single Aerobic Training Session on Cognitive Flexibility in Late Middle-Aged Adults," *International Journal of Sports Medicine* 28, no. 1 (2007): 82–87, http:// www.ncbi.nlm.nih.gov/pubmed/17213965.
7. Brad Stulberg, "How Exercise Shapes You, Far Beyond the Gym," The Growth Equation, https://thegrowtheq.com/how-exercise-shapes -you-far-beyond-the-gym/.
8. Megan Oaten and Ken Cheng, "Longitudinal Gains in Self-Regulation from Regular Physical Exercise," *British Journal of Health Psychology* 11, pt. 4 (2006): 717–33, http:// www.ncbi.nlm.nih.gov/pubmed/17032494.
9. Birte von Haaren et al., "Does a 20-Week Aerobic Exercise Training Programme Increase Our Capabilities to Buffer Real-Life Stressors? A Randomized, Controlled Trial Using Ambulatory Assessment," *European Journal of Applied Physiology* 116, no. 2 (2016): 383–94, http://www.ncbi.nlm.nih.gov/pubmed/26582310.

10. Pirkko Markula, "Exercise and 'Flow,' " *Psychology Today*, January 11, 2013, https://www.psychologytoday.com/us/blog / fit-femininity/201301/exercise-and-flow.
11. Charles Duhigg, *The Power of Habit: Why We Do What We Do in Life and Business* (New York: Random House, 2014).
12. Arran Davis, Jacob Taylor, and Emma Cohen, "Social Bonds and Exercise: Evidence for a Reciprocal Relationship," *PLOS One* 10, no. 8 (2015): e0136705, https://journals.plos.org/plosone/article?id=10.1371 /journal.pone.0136705.
13. Kelly McGonigal, *The Joy of Movement: How Exercise Helps Us Find Happiness, Hope, Connection, and Courage* (New York: Avery, 2019).
14. McGonigal, *The Joy of Movement.*
15. 同前注。
16. Roland Sturm and Deborah A. Cohen, "Free Time and Physical Activity Among Americans 15 Years or Older: Cross-Sectional Analysis of the American Time Use Survey," *Preventing Chronic Disease* 16 (2019), https://www.cdc.gov/pcd /issues/2019/19_0017.htm.
17. Marily Oppezzo and Daniel L. Schwartz, "Give Your Ideas Some Legs: The Positive Effect of Walking on Creative Thinking," *Journal of Experimental Psychology: Learning, Memory, and Cognition* 40, no. 4 (2014): 1142–52, https://www.apa. org/pubs/journals /releases/xlm-a0036577.pdf.
18. Centers for Disease Control and Prevention, *The Association Between School-Based Physical Activity, Including Physical Education, and Academic Performance* (Atlanta: U.S. Department of Health and Human Services, 2010), https://www.cdc.gov/ healthyyouth/health _and_academics/pdf/pa-pe_paper.pdf.
19. J. Eric Ahlskog et al., "Physical Exercise as a Preventive or Disease-Modifying Treatment of Dementia and Brain Aging," *Mayo Clinic Proceedings* 86, no. 9 (2011): 876–84, http://www .mayoclinicproceedings.org/article/S0025-6196(11)65219-1/

abstract.

20. Aishwarya Kumar, "The Grandmaster Diet: How to Lose Weight While Barely Moving," ESPN, September 13, 2019, https://www.espn.com/espn/story/_/id/27593253 /why-grandmasters-magnus-carlsen-fabiano-caruana-lose-weight-playing-chess.
21. Edward R. Laskowski, "What Are the Risks of Sitting Too Much?" Mayo Clinic, https://www.mayoclinic .org/healthy-lifestyle/adult-health/expert-answers/sitting/faq-20058005.
22. Peter T. Katzmarzyk et al., "Sitting Time and Mortality from All Causes, Cardiovascular Disease, and Cancer," *Medicine and Science in Sports and Exercise* 41, no. 5 (2009): 998–1005, https://www.flexchair.nl/wp-content/uploads/sites/12/2017/05/sitting_time _and_mortality_from_all_causes.pdf.
23. Gretchen Reynolds, "Those 2-Minute Walk Breaks? They Add Up," *New York Times*, March 28, 2018, https://www.nytimes.com/2018/03/28/well/move/walking -exercise-minutes-death-longevity.html.
24. Audrey Bergouignan et al., "Effect of Frequent Interruptions of Prolonged Sitting on Self-Perceived Levels of Energy, Mood, Food Cravings and Cognitive Function," *International Journal of Behavioral Nutrition and Physical Activity* 13, no. 113 (2016), http:// ijbnpa.biomedcentral.com/articles/10.1186/s12966-016-0437-z.
25. Emmanuel Stamatakis, Mark Hamer, and Marie H. Murphy, "What Hippocrates Called 'Man's Best Medicine': Walking Is Humanity's Path to a Better World," *British Journal of Sports Medicine* 52, no. 12 (2018): 753–54, https://bjsm.bmj.com/content/52/12/753.
26. Emmanuel Stamatakis et al., "Self-Rated Walking Pace and All-Cause, Cardiovascular Disease and Cancer Mortality: Individual Participant Pooled Analysis of 50,225 Walkers from 11 Population British Cohorts," *British Journal of Sports Medicine* 52, no. 12 (2018): 761–68, https://bjsm.bmj.com/content/52/12/761.

27. Alpa V. Patel et al., "Walking in Relation to Mortality in a Large Prospective Cohort of Older U.S. Adults," *American Journal of Preventive Medicine* 54, no. 1 (2018): 10–19, https://pubmed.ncbi.nlm.nih.gov/29056372/.

28. Julia Belluz, "Should You Walk or Run for Exercise? Here's What the Science Says," *Vox*, November 25, 2017, https://www.vox.com/2015/8/4/9091093/walking-versus-running; "Running Injuries," Yale Medicine, https://www.yalemedicine.org/conditions/running-injury/#.

29. Søren Kierkegaard, *The Laughter Is on My Side: An Imaginative Introduction to Kierkegaard*, ed. Roger Poole and Henrik Stangerup (Princeton, NJ: Princeton University Press, 1989).

30. Yoshifumi Miyazaki et al., "Preventive Medical Effects of Nature Therapy," *Nihon Eiseigaku Zasshi* 66, no. 4 (2011): 651–56, https:// www.ncbi.nlm.nih.gov/pubmed/21996763.

31. Gregory N. Bratman et al., "Nature Experience Reduces Rumination and Subgenual Prefrontal Cortex Activation," *PNAS* 112, no. 28 (2015): 8567–72, http://www.pnas.org/content /early/2015/06/23/1510459112.full.pdf.

第八章　從原則到實踐

1. Meister Eckhart, *Selected Writings*, 45.

2. Maxwell Maltz, *Psycho-Cybernetics, Deluxe Edition: The Original Text of the Classic Guide to a New Life* (New York: TarcherPerigee, 2016).

3. Phillippa Lally et al., "How Are Habits Formed: Modelling Habit Formation in the Real World," *European Journal of Social Psychology* 40, no. 6 (2010): 998–1009, https://onlinelibrary.wiley.com/doi /abs/10.1002/ejsp.674.

4. Thich Nhat Hanh, "Dharma Talk: Transforming Negative Habit Energies," *Mindfulness Bell*, Summer 2000, https://www.mindfulnessbell.org/archive/2015/12/dharma-talk-transforming -negative-habit-energies.

5. Roy F. Baumeister, Dianne M. Tice, and Kathleen D. Vohs, "The Strength Model of Self-Regulation: Conclusions from the Second Decade of Willpower Research," *Perspectives on Psychological Science* 13, no. 2 (2018): 141–45, https://www.ncbi.nlm.nih.gov/pubmed/29592652.
6. "BJ Fogg," *Armchair Expert,* hosted by Dax Shepard, podcast, March 5, 2020, https://armchairexpertpod.com/pods /bj-fogg.
7. Michelle Segar, *No Sweat: How the Simple Science of Motivation Can Bring You a Lifetime of Fitness* (New York: AMACOM, 2015).

第九章　放下結果，專注過程

1. James P. Carse, *Finite and Infinite Games: A Vision of Life as Play and Possibility* (New York: Free Press, 2013).
2. Terry Patten, *A New Republic of the Heart* (Berkeley, CA: North Atlantic Books, 2018).
3. "New Years Resolution Statistics," Statistic Brain Research Institute, https://www.statisticbrain.com/new-years -resolution-statistics/.
4. Breines and Chen, "Self-Compassion Increases Self-Improvement Motivation."
5. Kristin Neff and Christopher Germer, *The Mindful Self-Compassion Workbook: A Proven Way to Accept Yourself, Build Inner Strength, and Thrive* (New York: Guilford Press, 2018).
6. "The Mind and the Heart," JackKornfield.com, https://jackkornfield.com/mind-heart/.

財經企管 BCB787

踏實感的練習

走出過度努力的耗損，打造持久的成功

The Practice of Groundedness

A Transformative Path to Success that Feeds—Not Crushes—Your Soul

作者 — 布萊德・史托伯格 Brad Stulberg
譯者 — 龐元媛

總編輯 — 吳佩穎
書系副總監 — 蘇鵬元
責任編輯 — Jin Huang（特約）
封面設計 — 江孟達

出版者 — 遠見天下文化出版股份有限公司
創辦人 — 高希均、王力行
遠見・天下文化 事業群榮譽董事長 — 高希均
遠見・天下文化 事業群董事長 — 王力行
天下文化社長 — 王力行
天下文化總經理 — 鄧瑋羚
國際事務開發部兼版權中心總監 — 潘欣
法律顧問 — 理律法律事務所陳長文律師
著作權顧問 — 魏啟翔律師
社址 — 台北市 104 松江路 93 巷 1 號 2 樓
讀者服務專線 — 02-2662-0012 ｜ 傳真 — 02-2662-0007；02-2662-0009
電子郵件信箱 — cwpc@cwgv.com.tw
郵政劃撥 — 1326703-6 號　遠見天下文化出版股份有限公司

國家圖書館出版品預行編目(CIP)資料

踏實感的練習：走出過度努力的耗損,打造持久的成功／布萊德.史托伯格（Brad Stulberg）著；龐元媛譯. -- 第一版. -- 臺北市：遠見天下文化出版股份有限公司, 2022.12
320面；14.8×21公分. --（財經企管；BCB787）
譯自：The practice of groundedness : a transformative path to success that feeds-not crushes-your soul.

ISBN 978-626-355-011-7（平裝）

1.CST: 自我肯定 2.CST: 自信

177.2　　111019646

電腦排版 — 立全電腦印前排版有限公司
製版廠 — 東豪印刷事業有限公司
印刷廠 — 祥峰印刷事業有 限公司
裝訂廠 — 台興印刷裝訂股份有限公司
登記證 — 局版台業字第 2517 號
總經銷 — 大和書報圖書股份有限公司｜電話 — 02-8990-2588
出版日期 — 2022 年 12 月 27 日第一版第 1 次印行
2024 年 7 月 23 日第一版第 10 次印行

定 價 — 450 元
ISBN — 978-626-355-011-7 ｜ EISBN — 9786263550155（EPUB）; 9786263550124（PDF）
書 號 — BCB787
天下文化官網 — bookzone.cwgv.com.tw

天下·文化
BELIEVE IN READING